LE THÉOLOGICO-POLITIQUE
AU MOYEN ÂGE

Après la métaphysique : Augustin? Actes du colloque inaugural de l'Institut d'Études Médiévales de l'Institut Catholique de Paris, 25 juin 2010, édités par Alain de Libera, Paris, Vrin, 2013, 174 pages.

Philosophie et Théologie chez Jean Scot Erigène, édité par Isabelle Moulin, Paris, Vrin, 2015, 222 pages.

Participation et Vision de Dieu chez Nicolas de Cues, édité par Isabelle Moulin, Paris, Vrin, 2017, 178 pages.

Le Beau et la Beauté au Moyen Âge, édité par Olivier Boulnois et Isabelle Moulin, Paris, Vrin, 2018, 360 pages.

Commenter au Moyen Âge, édité par Pascale Bermon et Isabelle Moulin, Paris, Vrin, 2019, 288 pages.

PUBLICATIONS DE L'INSTITUT D'ÉTUDES MÉDIÉVALES
DE L'INSTITUT CATHOLIQUE DE PARIS
Directeur : Olivier Boulnois

LE THÉOLOGICO-POLITIQUE
AU MOYEN ÂGE

édité par

Dominique Poirel

Ouvrage publié avec le concours du
Vice-Rectorat à la Recherche de l'Institut Catholique de Paris

PARIS
LIBRAIRIE PHILOSOPHIQUE J. VRIN
6 place de la Sorbonne, V e

2020

© *Librairie Philosophique J. VRIN*, 2020

Imprimé en France

ISSN 2267-1994

ISBN 978-2-7116-2953-4

www.vrin.fr

AVANT-PROPOS

Dominique Poirel

Le présent volume rassemble les actes du colloque international « Le théologico-politique au Moyen Âge », qui s'est tenu les 2 et 3 février 2017, à l'Institut Catholique de Paris. Il était organisé par Olivier Boulnois, directeur, et Isabelle Moulin, déléguée scientifique, de l'Institut d'études médiévales de l'Institut Catholique de Paris.

Les huit communications qui suivent forment à elles seules un ensemble d'une richesse remarquable puisqu'elles courent de l'époque patristique au XVIIᵉ siècle, confrontent les traditions chrétienne (latine et grecque) et musulmane, et réunissent l'éclairage convergent de philosophes, d'historiens et de théologiens. Deux autres savants devaient encore remettre leurs textes, mais ils sont prématurément décédés, l'un le 27 août 2017, l'autre le 23 avril 2018 : Mauro Zonta, professeur à l'Université La Sapienza di Roma, intervenait en effet sur « A theological politics in the European Hebrew Late Middle Ages and the case-study of Giles of Rome's *De regimine principum* » ; Marc Geoffroy, chercheur au Centre Jean Pépin du CNRS, traitait de « La cité musulmane et la cité de Platon selon Averroès ».

Chacun à sa manière, ces deux collègues que nous pleurons ont été des chercheurs d'une immense réputation, Mauro Zonta dans le champ de la philosophie hébraïque, Marc Geoffroy dans celui de la philosophie arabe. Tous deux se rejoignent par l'ampleur de leurs autres compétences disciplinaires et linguistiques, qui leur permettait d'unir étroitement la philosophie et la philologie, aussi bien que de décloisonner les diverses traditions philosophiques : grecques, arabes, hébraïques et latines.

Marc et Mauro, ce volume vous est dédié.

DIEU, LA RAISON ET LA CITÉ

Olivier Boulnois

Sous le nom de « théologico-politique » perce en réalité la question du « théo-politique », le problème de l'entrecroisement, de la surimpression et de l'articulation entre la loi humaine et la loi divine, entre l'organisation temporelle de la cité et ce que Pascal appelait « le fondement mystique de l'autorité ». Le trait d'union porte à lui seul toute la difficulté : le religieux et le politique peuvent-ils se distinguer l'un de l'autre, ou bien sont-ils inséparables ? Comment un ordre théorique et pratique inspiré par la religion en vient-il à inspirer les réalités politiques de son temps ? Quelle autonomie laisse-t-il à l'ordre politique ? Inversement, les concepts politiques modernes sont-ils « des concepts théologiques sécularisés » comme le soutenait Carl Schmitt ?

L'étude de la période médiévale montre qu'il faut unir ces concepts pour pouvoir les distinguer. Le problème se pose-t-il dans le même sens, au même rythme, avec les mêmes concepts dans l'islam, le judaïsme et le christianisme médiéval ? Une distinction des pouvoirs peut-elle avoir un sens dans chacun de ces mondes ? Pour la philosophie en terre d'Islam, quelles sont les conséquences de l'identification du Prophète au philosophe-roi ? Dans le monde latin, que signifient la redécouverte d'Aristote et l'apparition d'une science politique comme discipline rationnelle : le *logos* affecte-t-il la représentation du *theos* et de la *polis* ? Comment s'articule le pouvoir temporel au pouvoir spirituel ? Peut-on résumer l'histoire de leurs relations à une sécularisation, c'est-à-dire une conquête de l'autonomie par le pouvoir temporel aux dépens du pouvoir religieux ? Par exemple, le conflit entre Boniface VIII et Philippe le Bel consacre-t-il l'échec ou la réussite de la complémentarité des pouvoirs ?

Bien avant le *Traité théologico-politique* de Spinoza, les penseurs médiévaux ont abordé ces difficultés, et d'une manière non moins radicale; en effet, chez Spinoza, c'est encore le théologique – la Bible lue critiquement – qui doit fonder la politique, et justifier en elle la liberté de philosopher.

L'autonomie du politique est-elle possible? Le théologique doit-il s'interdire toute évaluation de l'organisation de la cité et dans ce cas, comment s'adresser à l'homme sans évacuer sa dimension sociale? La politique doit-elle légiférer en fonction de certains principes religieux qui peuvent former « l'esprit » de ses lois ou au contraire se départir, voire aller à l'encontre des prescriptions théologiques?

Ce sont quelques-unes des questions qui sont abordées dans ce volume.

Tout d'abord, Émilie Tardivel critique radicalement le concept d'« augustinisme politique » (H. Arquillière)[1]. Elle montre que l'opposition augustinienne entre la Cité de Dieu et la cité terrestre n'est pas superposable avec l'opposition entre l'Église et l'État, selon l'interprétation donnée par Arquillière de la « théocratie pontificale » : la Cité de Dieu déborde les limites de l'Église visible, comme la cité des hommes ne se réduit pas à l'État; l'un et l'autre désignent une attitude spirituelle : l'amour de Dieu jusqu'au mépris de soi, l'amour de soi jusqu'au mépris de Dieu. On ne trouvera donc pas chez Augustin d'idéal théocratique.

Ensuite, Georgi Kapriev examine le statut de la politique au sein de la philosophie byzantine[2]. Les *Novelles* de Justinien fixent le cadre de la « symphonie des pouvoirs » : les deux principes, la royauté et le sacerdoce, ont une même source, le Christ. Dans le monde byzantin, la réflexion philosophique se déploie moins dans la lecture de Platon et d'Aristote (qui décrivent un monde disparu) qu'au sein de l'historiographie. En pensant le primat de l'hypostase singulière et le dynamisme de l'être, Maxime le Confesseur met en place les conditions de possibilité métaphysiques d'une philosophie de l'histoire, comme épiphanie des vérités éternelles. Cet historicisme métaphysique est, à Byzance, la base de la pensée de la politique.

Nous faisant entrer dans un troisième espace culturel, celui des mondes arabo-musulmans, Philippe Vallat revient sur l'œuvre de Farabi, fondamentale pour la philosophie politique arabe[3]. Pour résoudre le problème de l'ésotérisme de Farabi (évoqué par Leo Strauss), il propose des clés de lecture pour son œuvre la plus exotérique, la *Cité vertueuse*. Le

---

1. « Augustin et les deux cités, Une approche non théologico-politique », p. 13-27.
2. « The Political and the Byzantine Philosophy », p. 29-44.
3. « Le théologico-politique comme retour dans la Caverne : Farabi, Platon et le salut de l'homme », p. 45-70.

philosophe a pour mission de fonder une Cité vertueuse, à la ressemblance de la vérité philosophique, afin de permettre aux non-philosophes d'accéder à la félicité qu'il connaît en tant que philosophe. Mais la religion ne peut pas être vertueuse, elle peut seulement assurer la paix dont les philosophes ont besoin pour leur vie spéculative.

Olga Lizzini s'interroge à son tour sur la pensée d'Avicenne[1]. Sa théorie politique est une conséquence de sa métaphysique. Selon lui, le prophète a accès au monde céleste, qui est connu et analysé par la métaphysique. En ce sens, le prophète est *comme* le métaphysicien (c'est le sens de l'« intellect saint », la propriété intellectuelle de la prophétie). Sur le plan de la connaissance intellectuelle, la philosophie l'emporte, car c'est elle qui définit et pense la connaissance prophétique. Mais sur le plan de la pratique politique, la prophétie a la primauté, car c'est le prophète, non le métaphysicien, qui est un « Seigneur parmi les hommes ».

Revenant au monde latin, François Daguet souligne la rupture apportée par la redécouverte de la *Politique* d'Aristote, et la véritable renaissance de la science politique qui l'accompagne chez Thomas d'Aquin[2]. En fondant la loi et le gouvernement sur la raison naturelle, il inscrit l'ordre politique dans la nature de l'homme, qui implique une coexistence sociale, et lui donne une cohérence qui excède le seul modèle religieux. En fondant l'éthique et la politique sur la loi naturelle, il articule celle-ci à la loi divine, mais lui donne un espace autonome, lui aussi fondé sur la raison, et s'exprimant dans la loi civile. Ainsi, l'ordre politique et celui du pouvoir ecclésiastique restent distincts mais coopèrent en chaque membre de la cité. Entre ces deux ordres, il y a véritablement union sans confusion, et distinction sans séparation.

Jean-Philippe Genet s'interroge ensuite sur la place de Gilles de Rome dans l'articulation du théologique et du politique à la fin du XIIIe siècle[3]. Plutôt qu'une incohérence ou un revirement entre le traité *De regimine principum* et le *De ecclesiastica potestate*, il faut y voir la superposition de deux ordres : après avoir décrit la construction de la politique dans l'ordre de la nature, Gilles ajoute un second ordre, surnaturel, ce qui lui permet de soutenir la suprématie du pouvoir pontifical.

---

1. « Le théologico-politique à la lumière de la philosophie : prophète, ḫalīfa et espèce humaine selon Avicenne », p. 71-86.
2. « Thomas d'Aquin et la renaissance de la philosophie politique au XIIIe siècle », p. 87-102.
3. « Gilles de Rome dans le champ théologico-politique à la fin du XIIIe et au début du XIVe siècle », p. 103-123.

Stefano Simonetta nous donne accès à une phase ultérieure du débat, avec la pensée de Wyclif (fin du xive s.). Celui-ci prend pour idéal une aristocratie des saints, tout en valorisant progressivement la monarchie de droit divin[1]. Le monarque est l'image de Dieu le Père, tandis que la hiérarchie ecclésiastique représente la nature humaine du Christ. La hiérarchie ecclésiastique reposant sur la grâce, l'évêque infidèle à sa mission perd tout pouvoir et peut être corrigé par le pouvoir temporel. Mais dans celui-ci, le monarque doit de nouveau être conseillé par une aristocratie des saints.

Bernard Bourdin s'interroge enfin sur l'évolution des concepts théologico-politiques, de Marsile de Padoue à Thomas Hobbes : s'agit-il d'une sécularisation des concepts théologiques (comme le pensait Carl Schmitt), ou d'une rivalité mimétique[2]? Chez Marsile de Padoue, la critique de la *plenitudo potestatis* (de la souveraineté accordée au pape), repose sur le croisement des analyses d'Aristote et de l'herméneutique biblique ; elle débouche sur la concentration du pouvoir dans la figure de l'empereur, sorte d'image laïcisée du pape. De manière analogue, contre les arguments de Bellarmin, Hobbes affirme le pouvoir souverain de l'État, avec lequel le pouvoir religieux doit fusionner, à tel point que les princes définissent l'orthodoxie et ne peuvent jamais être hérétiques. Dès lors, au lieu d'une sécularisation des concepts théologiques, on assiste à un véritable mimétisme doublé d'accaparement : le pouvoir temporel ecclésiastique bascule vers le pouvoir temporel politique, mais l'un et l'autre revendiquent la maîtrise des deux fins, temporelle et spirituelle.

Ce volume propose donc une réflexion neuve et radicale sur la genèse d'une des questions essentielles de la philosophie politique contemporaine.

---

1. « Dal modello ideale di governo condiviso da parte di un'aristocrazia di santi alla figura del re come vicario di Dio Padre ; e viceversa », p. 125-144.

2. « De Marsile de Padoue à Thomas Hobbes : sécularisation ou ambivalence mimétique du théologico-politique chrétien ? », p. 145-155.

AUGUSTIN ET LES DEUX CITÉS
UNE APPROCHE NON THÉOLOGICO-POLITIQUE

ÉMILIE TARDIVEL

> En quelque sorte mêlées dans le temps,
> ces deux cités traversent les siècles,
> jusqu'à ce qu'elles soient séparées
> au jugement dernier : l'une pour être
> associée aux bons anges et atteindre, unie
> à son roi, la vie éternelle ; l'autre pour
> être associée aux mauvais anges et être
> jetée, avec son roi, au feu éternel[1].

En histoire de la philosophie politique, certaines thèses ont la vie dure. Ce sont souvent les plus simples, ce qui explique leur succès, mais aussi les plus mal assurées, d'où les critiques récurrentes dont elles font l'objet. Ainsi en va-t-il de l'« augustinisme politique », thèse forgée dans la première partie du XXᵉ siècle, et à laquelle le cardinal Henri de Lubac a consacré une remarquable étude critique, dont la rédaction s'est étalée sur près d'un demi-siècle, et dont le dossier nous paraît encore aujourd'hui suffisamment d'actualité pour que nous le reprenions dans le cadre d'une réflexion sur les deux cités chez Augustin[2].

L'augustinisme politique serait la théorie des défenseurs du système théocratique en politique, c'est-à-dire du double pouvoir spirituel et temporel de l'Église catholique. Cette thèse, par laquelle Arquillière caractérise au début des années 1930 la doctrine qui domine l'Occident

---

1. Augustin, *La Genèse au sens littéral*, XI, 15, 20, trad. fr. P. Agaësse et A. Solignac, t. 49, Paris, Institut d'Études Augustiniennes, 2001, p. 139.

2. *Cf.* H. de Lubac, « "Augustinisme politique" ? », dans *Théologies d'occasion*, Paris, Desclée de Brouwer, 1984, p. 255-308.

du IXe au XIIIe siècles[1], s'accompagne d'un jugement négatif, qui valorise, par contraste, l'apport positif du thomisme : grâce à la métaphysique d'Aristote, Thomas d'Aquin aurait élaboré une doctrine politique plus soucieuse de l'autonomie de l'ordre temporel, et donc apporterait une solution prémoderne au « problème théologico-politique »[2].

L'augustinisme politique est à ce titre une « catégorie théologico-politique », forgée tant pour évaluer que pour décrire l'histoire doctrinale du pouvoir de l'Église en Occident. Cette histoire se diviserait schématiquement en deux moments : contre la doctrine du « pouvoir direct », qu'on rattache à l'augustinisme et qui trouverait sa formulation la plus aboutie au XIVe siècle, chez les théologiens du pape Boniface VIII, se serait progressivement imposée celle – bien meilleure – du « pouvoir indirect », qu'on associe au thomisme et qui aurait reçu sa consécration au XIXe siècle, dans l'encyclique *Immortale Dei* du pape Léon XIII[3].

1. H. X. Arquillière, *L'augustinisme politique. Essai sur la formation des théories politiques du Moyen Âge*, Paris, Vrin, 1934.

2. Nous reprenons ici l'expression « problème théologico-politique » à P. Manent : « J'ai présenté ce problème sous une forme presque mathématique : étant donné les caractéristiques de l'Église catholique, trouver la forme politique X qui permette d'assurer l'indépendance du monde profane ». Cf. *Histoire intellectuelle du libéralisme*, Paris, Hachette, 1997, p. 30, et plus généralement tout le chap. 1, p. 17-30.

3. Les théories du « pouvoir direct » et du « pouvoir indirect » sont avant tout des doctrines juridiques – la seconde renvoyant notamment à la pensée des théologiens jésuites Suarez et Bellarmin –, dont Lubac explique qu'elles n'ont en fait jamais reçu de consécration officielle dans l'Église catholique. La doctrine du « pouvoir direct » signifie que le pape a une compétence directe en matière temporelle, qu'il peut par exemple déposer un roi sans aucun intermédiaire, quelle que soit la nature – spirituelle ou temporelle – du bien qui est en jeu ; la doctrine du « pouvoir indirect » s'en distingue, en accordant au pape une compétence seulement indirecte en matière temporelle, ce qui signifie, pour reprendre l'exemple précédent, qu'il ne peut déposer un roi que lorsque le bien spirituel est en jeu. Mais comme le remarque encore Lubac, cette distinction n'est qu'apparente, car il s'agit, dans les deux cas, d'attribuer à l'Église un pouvoir autre que spirituel : « Bien qu'une fin supérieure en limite l'exercice à des cas très particuliers et très rares, le pouvoir indirect ainsi compris est donc en réalité, sur le temporel, un pouvoir direct. Il suppose dans l'Église même une véritable autorité politique, une juridiction temporelle ». Cf. « Le pouvoir de l'Église en matière temporelle », *Revue des sciences religieuses*, t. 12/3, 1932, p. 330-331 et 333. Lubac critique ainsi le caractère équivoque et aujourd'hui inadéquat de la théorie du « pouvoir indirect », et propose de n'en retenir que la signification profonde, qui consiste à reconnaître à l'Église « le pouvoir de lier les consciences, même dans une affaire extérieurement temporelle, ou pouvant avoir dans l'ordre temporel des répercussions graves, parce que cette affaire est en même temps, *par elle-même*, de l'ordre spirituel », *ibid.*, p. 353. Voir également É. Gilson, qui récuse l'attribution à Thomas d'Aquin de la doctrine du « pouvoir indirect », et dénonce plus largement le caractère impropre de cette théorie, à la faveur d'une réinterprétation non juridique de la théorie du « pouvoir direct » : « la vérité semble être que l'Église ne *fait* jamais de politique, mais qu'elle s'en occupe toujours, et à bon droit.

Cette thèse a certes le grand mérite de simplifier l'histoire doctrinale du pouvoir de l'Église en Occident : il aurait fallu cinq siècles à l'augustinisme politique pour triompher totalement et cinq siècles à la pensée politique de Thomas d'Aquin pour le détrôner complètement. Mais elle fait comme si l'augustinisme et le thomisme constituaient deux blocs rivaux, dont l'opposition et la succession seraient comme la clef herméneutique de toute cette histoire. La simplification historique se fait donc au prix d'une division de la pensée chrétienne en deux écoles opposées, et au profit de l'une d'entre elles : l'école thomiste.

On comprend ainsi pourquoi la thèse de l'augustinisme politique a fait l'objet d'une vigoureuse critique, notamment de la part d'un théologien jésuite comme Lubac, toujours soucieux de maintenir l'unité de la pensée chrétienne. Sur le plan méthodologique, il y dénonce « l'application, mal contrôlée, d'une thèse historico-théologique beaucoup plus générale, très en faveur à cette époque, dont l'un des protagonistes était alors le Père Mandonnet, O. P ». ; et de préciser : « Soucieux d'écarter le grief adressé à la Scolastique de n'avoir pas su distinguer les deux domaines de la science et du dogme, Mandonnet, à qui ses recherches récentes sur Siger de Brabant donnaient une grande autorité, rejetait le reproche sur saint Augustin ». D'après Mandonnet, « l'augustinisme serait caractérisé en tout domaine par une tendance à absorber l'ordre de la "nature" (humaine) dans l'ordre "surnaturel" », tandis que « l'avènement du thomisme aurait enfin assuré la nette distinction de ces deux ordres »[1].

La thèse d'Arquillière doit être par là même envisagée comme la transposition *politique* d'une thèse *historico-théologique* émanant directement de l'école thomiste. Mais cette généalogie ne dit encore rien de sa légitimité, elle explique seulement pourquoi ceux qui se réclament

Elle a autorité religieuse directe sur le politique en raison de ses implications morales et religieuses, c'est-à-dire, selon la formule traditionnelle, en tant que le politique intéresse, positivement ou négativement, la foi et les mœurs ». Cf. *Les métamorphoses de la cité de Dieu*, Paris, Vrin, 1952[1], 2005 pour l'édition de poche, note 1, p. 82 et note 2, p. 269.

1. H. de Lubac, « Augustinisme politique ? », *op. cit.*, p. 257. É. Gilson souligne que la doctrine du « pouvoir indirect » « n'est d'ailleurs pas nécessaire pour sauvegarder la distinction du temporel et du spirituel ». La distinction du temporel et du spirituel est sauvegardée en raison même de la nature du pouvoir exercé par l'Église, qui est sans commune mesure avec la nature du pouvoir exercé par l'État, car elle n'est ni temporelle ni politique, mais toute spirituelle, et c'est cette nature toute spirituelle du pouvoir de l'Église qui a des effets temporels et politiques directs : « Il n'y a pas d'autre cause à l'exaspération visible dont font preuve, contre l'Église, les divers Césars candidats à l'empire du monde. Les effets politiques et temporels de la juridiction de Rome naissent d'une cause qui, précisément parce qu'elle n'est ni politique ni temporelle, leur échappe ». Cf. *Les métamorphoses de la cité de Dieu, op. cit.*, p. 268-269, n. 2.

de cette école ne l'ont jamais véritablement remise en question[1]. Il s'agit d'une thèse somme toute commode, qui semble n'affecter en rien l'interprétation de la pensée de Thomas d'Aquin. Mais les débats autour de la nature du pouvoir de l'Église chez Thomas d'Aquin et la place de celui-ci dans la pensée chrétienne tendent à prouver le contraire[2].

Concernant sa légitimité, il convient tout d'abord de souligner l'*équivocité de cette thèse*. Un philosophe comme Villey tombe dans le travers d'identifier l'augustinisme politique à la pensée politique d'Augustin, alors qu'Arquillière lui-même avait pris soin de les distinguer, en remarquant notamment qu'« il est faux d'attribuer à saint Augustin lui-même une méconnaissance du droit naturel de l'État »[3]. Sans nier que « les bases métaphysiques d'une doctrine du droit naturel ne manquent pas chez saint Augustin »[4], Villey dit toutefois clairement que l'augustinisme politique ne lui paraît pas s'être trompé sur les intentions profondes d'Augustin[5]. Il souligne également que ce dernier n'a pas pu tirer les conséquences juridiques de ses intentions profondes, non pas pour des raisons théologiques et philosophiques de fond, mais pour des raisons purement et simplement circonstancielles, liées notamment à la « force des traditions païennes » et l'« inexistence d'une chrétienté »[6].

De l'augustinisme politique comme « dévoiement » de la vraie pensée augustinienne, on passe, chez certains héritiers d'Arquillière, et de manière générale en philosophie politique, à l'augustinisme politique comme « dévoilement » de la vraie pensée augustinienne, comme dévoilement de ce qu'Augustin voulait vraiment dire mais qu'il ne pouvait pas dire pour des motifs purement et simplement historiques, contingents. La thèse d'Arquillière est donc très fortement équivoque. Elle n'empêche

---

1. Encore récemment, F. Daguet, dans son ouvrage par ailleurs excellent sur la pensée politique de Thomas d'Aquin, reprenait sans l'interroger la thèse d'Arquillière, non sans accepter la possibilité de son manque de légitimité, mais refusant tout simplement d'entrer dans le débat : « La question de savoir s'il est légitime d'imputer à saint Augustin une telle ligne doctrinale et, plus encore, de savoir si la notion d'"augustinisme politique" est pertinente, a été âprement discutée, notamment par le P. Henri de Lubac. On n'entrera pas ici dans le débat, qui méritera peut-être d'être repris à nouveaux frais ». Cf. *Du politique chez Thomas d'Aquin*, Paris, Vrin, 2015, p. 18.

2. Voir *supra*, p. 14, n. 3.

3. H. X. Arquillière, *L'augustinisme politique, op. cit.*, p. 151.

4. M. Villey, *La formation de la pensée juridique moderne*, Paris, P.U.F., 2003, p. 123.

5. M. Villey dit en effet de l'évêque d'Hippone que « sa soif intime, c'est d'entraîner loin de l'ancienne cité terrestre, vers le refuge de la cité divine, la communauté des fidèles ; et que la cité terrestre devienne un auxiliaire, un avant-goût, une copie de la cité divine ; que, progressivement, elle s'y absorbe, que le droit devienne chrétien », *ibid.*, p. 131.

6. *Ibid.*, p. 131.

pas l'erreur qu'elle prétend dénoncer, parce qu'elle conserve, « pour l'appliquer à faux, l'unité du substantif : "augustinisme" »[1].

Lubac voit très bien cette équivocité doctrinale, qui renforce sa critique d'un *double paradoxe* historique associé à la thèse d'Arquillière. Le premier consiste à observer que les théoriciens les plus systématiques de la théocratie pontificale, en particulier Gilles de Rome, écrivent au XIVᵉ siècle, c'est-à-dire suite au retour en « force des traditions païennes » à travers la métaphysique d'Aristote. C'est aussi vers 1301, au moment où Gilles de Rome publie son *De ecclesiastica potestate*, que Ptolémée de Lucques achève de *De regimine principum* de Thomas d'Aquin dans une perspective clairement théocratique. Il ne s'agit pas ici d'inverser l'accusation en rejetant le reproche sur saint Thomas. Il s'agit simplement de dire que Ptolémée de Lucques n'achève pas le *De regimine principum* indépendamment du nouveau contexte historique et doctrinal, où le combat entre Boniface VIII et Philippe le Bel se double de l'influence de l'aristotélisme averroïsé[2].

À ce premier paradoxe, qui consiste à retrouver l'augustinisme politique en sa forme chimiquement pure dans des doctrines théocratiques qui se fondent sur des principes métaphysiques d'inspiration aristotélicienne, Lubac ajoute un deuxième paradoxe : « ni chez Augustin lui-même, ni même chez les théologiens de la première partie du Moyen Âge, qu'ils se recommandent ou non expressément de lui, on ne rencontre cette sorte d'"augustinisme politique" qui devait si curieusement s'épanouir chez Gilles de Rome et chez ses émules »[3]. L'augustinisme politique n'aurait donc pas grand-chose à voir avec la vraie pensée augustinienne, ni même avec la véritable pensée des théologiens de la première partie du Moyen Âge, comme Jonas d'Orléans, Aelred de Rievaulx, ou encore Gerhoch de Reichersberg.

Dans le cadre de la présente étude, nous laisserons de côté la question de l'écart entre la doctrine politico-religieuse des théologiens de la première partie du Moyen Âge et la doctrine théocratique d'un Gilles de Rome, d'un Henri de Crémone, ou encore d'un Alvaro Pelayo. Nous montrerons seulement en quoi Augustin ne propose pas de doctrine théocratique, ni même de doctrine politico-religieuse, mais décrit la

---

1. H. de Lubac, « Augustinisme politique ? », *op. cit.*, p. 262.

2. Lubac montre que l'aristotélisme averroïsé fournit ses fondements au *De ecclesiastica potestate* de Gilles de Rome, comme il donne également des armes à ses adversaires, et notamment à Marsile de Padoue, qui transfère méthodiquement la toute-puissance de l'Église à l'État. *Cf.* H. de Lubac, « Augustinisme politique ? », *op. cit.*, p. 289-304.

3. *Ibid.*, p. 261.

manière chrétienne de vivre dans la cité. Car, comme dit Lubac, « c'est donc toujours le même contresens de base qui alimente, ici encore, la fiction d'un "augustinisme politique" »[1], et ce contresens n'est autre que ce qu'on appellera une « approche théologico-politique » de la *Cité de Dieu* d'Augustin.

LES DEUX CITÉS : UNE OPPOSITION NON POLITIQUE

Le premier présupposé de l'approche théologico-politique de la *Cité de Dieu* réside dans une interprétation essentiellement politique de la distinction théologique des deux cités. On identifie la cité terrestre et la cité céleste à deux institutions visibles, deux pouvoirs dont l'un serait séculier et l'autre ecclésiastique. La *Cité de Dieu*, qui entreprend d'exposer leur origine, leur évolution, leur conflit et la fin qui attend chacune d'elles, serait ainsi un grand traité théologico-politique chrétien, qui aurait pour objectif d'établir une doctrine chrétienne des rapports entre le pouvoir de l'Église et le pouvoir de l'État dans une perspective historique. C'est la thèse d'Arquillière, qui explique qu'Augustin « est le premier des Pères qui, dans le *De civitate Dei*, ait été amené à faire une doctrine de l'État »[2], et donc une doctrine des rapports entre le pouvoir de l'Église et le pouvoir de l'État du point de vue de l'Église elle-même. Bien qu'il prenne soin de distinguer l'augustinisme politique de la pensée politique augustinienne, Arquillière dit aussi que saint Augustin applique à la « constitution des États », et donc transpose sur le plan politique, « la justice évangélique dont saint Paul a fait la théologie »[3]. Villey ne trahit donc pas vraiment l'esprit dans lequel Arquillière invente la catégorie d'augustinisme politique, quand il soutient qu'Augustin nourrit l'ambition, dans la *Cité de Dieu*, que « le droit devienne chrétien », que « la cité terrestre devienne un auxiliaire, un avant-goût, une copie de la cité divine »[4]. De l'augustinisme politique à son identification à la pensée politique d'Augustin, il n'y a qu'un pas, en vérité toujours déjà franchi.

Quand on se réfère à la définition canonique des deux cités dans la *Cité de Dieu*, on observe toutefois, contre cette interprétation politique, qu'il s'agit d'une distinction *strictement théologique* : « Deux amours ont donc fait deux cités : l'amour de soi jusqu'au mépris de Dieu, la cité terrestre (*civitas terrena*) ; l'amour de Dieu jusqu'au mépris de soi, la

---

1. *Ibid.*, p. 273.
2. H. X. Arquillière, *L'augustinisme politique, op. cit.*, p. 20.
3. *Ibid.*, p. 21.
4. M. Villey, *La formation de la pensée juridique moderne, op. cit.*, p. 123.

cité céleste (*civitas caelestis*) »[1]. La cité céleste n'est pas un pouvoir qui s'opposerait à la cité terrestre comme à un pouvoir concurrent. Il ne s'agit pas de deux entités politiques, mais de deux « sociétés mystiques », dont Lubac souligne qu'elles sont « aussi secrètement mêlées dans l'histoire qu'elles sont adverses dans leur principe »[2]. Mais elles ne sont pas sans lien avec la question politique, puisqu'elles expriment deux logiques de la vie commune, d'une part une logique de communion universelle, d'autre part une logique de confrontation des intérêts individuels. Les uns sont « attachés au bien commun de tous (*communi omnibus bono*) qui est pour eux Dieu lui-même », tandis que les autres se complaisent « dans leur puissance, comme s'ils étaient à eux-mêmes leur bien »[3]. Ces deux logiques sont entremêlées jusqu'à la fin de l'histoire, si bien qu'elles se rencontrent dans chaque État, comme dans l'Église elle-même[4]. Le jugement dernier viendra alors séparer les deux cités en sanctionnant, de manière eschatologique, c'est-à-dire imprévisible et irréversible, l'opposition entre ceux qui auront résisté à la logique de la cité terrestre, en aimant Dieu jusqu'au bout, et ceux qui y auront succombé, en se complaisant dans leur puissance jusqu'à leur mort[5].

Mais il y a plus. Non seulement les deux cités ne sont pas des entités politiques, mais la cité terrestre n'est même pas une société mystique qui aurait une quelconque consistance, une quelconque réalité. Cette thèse se déduit du livre XI de la *Cité de Dieu*, où Augustin déploie une argumentation anti-manichéenne dans le cadre d'une réflexion sur l'origine angélique des deux cités. La cité terrestre est originellement composée des anges qui se sont détournés de Dieu, qui se sont « privés de la participation à l'éternelle lumière (*privati participatione lucis aeternae*) », et qui ne sont donc plus que privation de cette lumière, « ténèbres en eux-mêmes (*in se ipsis tenebrae*) », et Augustin argumente en disant : « Le mal, en effet, n'est pas une nature ; c'est la perte du bien qui a reçu le nom de mal »[6]. Comme les « esprits immondes (*immundi spiritus*) »[7] qui la composent, la cité terrestre n'est pas une réalité, elle n'est que privation de la réalité

---

1. Augustin, *La Cité de Dieu*, XIV, 28, trad. fr. G. Combès, t. 35, Paris, Desclée de Brouwer, 1959, p. 465.

2. H. de Lubac, « Augustinisme politique ? », *op. cit.*, p. 273.

3. Augustin, *La Cité de Dieu*, XII, 1, t. 35, *op. cit.*, p. 150-151.

4. Voir notamment É. Gilson, *Introduction à l'étude de saint Augustin*, Paris, Vrin, 1931, p. 237-240.

5. Sur ce point et celui qui suit, voir notre article : « Le temps dernier selon la *Cité de Dieu* de saint Augustin », *Communio*, t. 42/1, 2017, p. 63-72.

6. Augustin, *La Cité de Dieu*, XI, 9, t. 35, *op. cit.*, p. 63.

7. *Ibid.*, p. 63.

qu'est la cité céleste. Au sens strict, les deux cités n'ont pas deux, mais *une seule et même origine*, qui n'est autre que Dieu, dans lequel le monde lui-même a été créé. Le monde n'est originellement rien d'autre que la cité de Dieu. La cité terrestre n'est par là même qu'une privation du monde, qui trouve son commencement dans le péché du diable. La cité du diable est séparée de la cité de Dieu, et donc séparée du monde lui-même, de la réalité elle-même. C'est pourquoi la division des deux cités n'a rien de manichéen : il n'y a à l'origine qu'une seule cité, il n'y aura à la fin qu'une seule cité, composée des hommes qui se seront associés à la « très sainte et très auguste curie des anges »[1].

LA REDÉFINITION SPIRITUELLE DE LA RÉPUBLIQUE

Cette mise au point sur le statut non politique et non manichéen des deux cités nous permet de comprendre pourquoi il est tout simplement absurde de dire qu'Augustin veut que « la cité terrestre devienne un auxiliaire, un avant-goût, une copie de la cité divine »[2]. C'est ici assimiler la cité terrestre à une « réalité politique » – double méprise, puisque la cité terrestre n'est *ni politique ni réelle –*, et faire comme si elle se confondait avec la *res publica* elle-même. Mais serait-il plus justifié de dire qu'Augustin veut que « la *res publica* devienne un auxiliaire, un avant-goût, une copie de la cité divine » ? Un célèbre passage du livre II, auquel Gilles de Rome fait référence dans son *De ecclesiastica potestate*, pourrait ouvrir la voie à cette approche théologico-politique de la *Cité de Dieu*, et donc accréditer la thèse de l'augustinisme politique à partir d'Augustin lui-même. Ce dernier y soutient que, « de *vera justitia*, il n'y en a que dans cette *res publica* dont le Christ est le fondateur et le gouverneur » ; et d'ajouter : « si toutefois on veut bien l'appeler, elle aussi, *res publica* puisque, on ne saurait le nier, elle est la chose du peuple »[3]. Il n'y a de véritable justice que dans cette chose publique qu'est la cité de

---

1. Augustin, *La Cité de Dieu, op. cit.*, p. 365. H. de Lubac ne défend pas explicitement cette thèse de la non-réalité de la cité terrestre, mais É. Gilson l'admet à sa manière, quand il explique que la cité terrestre « n'est guère que le déchet de la première » et que « c'est encore à cause d'elle qu'elle existe ». Cf. *Les métamorphoses de la cité de Dieu, op. cit.*, p. 50.

2. M. Villey, *La formation de la pensée juridique moderne, op. cit.*, p. 123.

3. Augustin, *La Cité de Dieu*, II, 21, t. 33, *op. cit.*, p. 377. Gilles de Rome y fait deux fois référence dans son ouvrage : voir A. Romanus, *De ecclesiastica potestate*, Richard Scholz (éd.), Weimar, H. Böhlaus, 1929, p. 153-154 et 198. Il y voit l'« allusion à une cité terrestre qui ne devrait sa légitimité qu'à sa création par l'Église romaine et devrait être placée sous sa domination ». *Cf.* H. de Lubac, « Augustinisme politique ? », *op. cit.*, p. 290.

Dieu, et plus précisément la cité du Christ, mais cela implique-t-il que « le droit devienne chrétien »[1] ? Dans quelle mesure Augustin ouvre-t-il par cette affirmation une « ère nouvelle de l'histoire du droit »[2] ? Dans quel contexte s'inscrit cette fameuse déclaration du livre II, et à partir de quels autres livres de la *Cité de Dieu* convient-il de l'interpréter, quand on veut demeurer fidèle à la pensée d'Augustin ?

En se rapportant au livre XIX de la *Cité de Dieu*, on constate que le passage précédemment cité du livre II doit être interprété selon une double proposition : il n'y a de *vera justitia* que dans la *res publica* chrétienne en tant que réalité mystique, mais la *res publica* romaine reste néanmoins une *res publica* en tant que réalité politique. C'est cette seconde proposition qui fait dire à Arquillière qu'« il est faux d'attribuer à saint Augustin lui-même une méconnaissance du droit naturel de l'État »[3]. Mais elle pourrait en même temps surprendre, passer pour une contradiction, ou du moins un correctif apporté à « la séparation tranchante entre la *Cité de Dieu* et la *Cité du diable*, où l'on pourrait voir un reste de manichéisme »[4]. Car Augustin commence par nier la réalité de l'État romain : au chapitre 21 du livre XIX, il s'appuie sur un jugement de Cicéron, qu'il radicalise en appliquant à la définition cicéronienne de la république le principe chrétien de séparation des ordres[5]. Pour Cicéron, rappelons-le, il n'y a pas de *res publica* sans *summa justitia*[6], cette justice consistant, suivant l'enseignement grec, à attribuer à chacun ce qui lui revient. Augustin peut alors se demander : « Quelle est donc la justice de l'homme qui soustrait l'homme lui-même au vrai Dieu et l'asservit

1. M. Villey, *La formation de la pensée juridique moderne*, op. cit., p. 123.

2. *Ibid.*, p. 123.

3. H. X. Arquillière, *L'augustinisme politique*, op. cit., p. 151.

4. *Ibid.*, p. 18. Sur la question de savoir s'il n'y aurait pas dans l'opposition des deux cités un reste de manichéisme, nous avons précédemment montré pourquoi ce n'était absolument pas le cas.

5. Ce principe est notamment énoncé en Mt 22, 21 : « Rendez à César ce qui est à César et à Dieu ce qui est à Dieu ». Voir également Mc 12, 17 et Lc 20, 25. Paul le reprend en Rm 3, 7 : « Rendez à chacun ce qui lui est dû : les impôts et les taxes à qui vous les devez, la crainte et le respect à qui vous les devez ».

6. Cicéron affirme en effet que « c'est une vérité absolue que toute république (*rem publicam*) est impossible sans la justice suprême (*summa iustitia*) ». Cf. *La République*, II, 44, trad. fr. É. Bréguet, t. 2, Paris, Les Belles Lettres, 2002, p. 48 (trad. modifiée). Cette affirmation renvoie directement à sa définition préalable de la république : « la république (*res publica*), c'est la chose du peuple (*res populi*) ; mais un peuple n'est pas un rassemblement quelconque de gens réunis n'importe comment ; c'est le rassemblement d'une multitude d'individus, qui se sont associés en vertu d'un accord sur le droit (*iuris consensu*) et d'une communion d'utilité (*utilitatis communione*) », ibid., I, 25, trad. fr. É. Bréguet, t. 1, Paris, Les Belles Lettres, p. 222 (trad. modifiée).

aux démons impurs? Est-ce là attribuer à chacun ce qui lui revient? »[1]. D'après cette argumentation, la *res publica* romaine est non seulement injuste, mais elle est également inexistante, car, confondant les ordres, elle ne répond pas aux critères contenus dans sa définition cicéronienne, dont la *summa justitia* constitue le centre de gravité[2].

La négation de la réalité de la *res publica* romaine n'est donc pas la porte ouverte à une doctrine théocratique, mais elle exprime au contraire une rupture nette avec tout ordre théologico-politique. L'enseignement d'Augustin consiste ici à dire que la réalité de la *res publica* croît en proportion de son respect du principe chrétien de *séparation des ordres*. On comprend ainsi toute la cohérence de la double proposition que nous avons précédemment énoncée : il n'y a de *vera justitia* que dans la *res publica* chrétienne en tant que réalité mystique, mais la *res publica* romaine reste néanmoins une *res publica* en tant que réalité politique. La seconde proposition n'est pas un correctif à la première, mais son prolongement rationnel. La première proposition ne consiste pas à méconnaître le droit naturel de l'État, mais à poser le caractère absolu du principe chrétien de séparation des ordres : il s'agit très précisément de prévenir toute absorption de l'ordre surnaturel dans l'ordre naturel, c'est-à-dire toute idolâtrie de l'État. Mais pour que ce principe fonctionne à plein, il faut également assurer à l'État sa légitimité dans son ordre propre, et donc modifier la définition de la *res publica*. C'est ce qu'accomplit Augustin au chapitre 24 du livre XIX, où la *summa justitia* laisse la place à l'*amor* : « Le peuple est le rassemblement d'une multitude douée de raison, associé par la communion, dans la concorde, aux choses qu'il aime ». Augustin en conclut que, d'après cette redéfinition de la république, à la fois plus spirituelle et moins normative, « le peuple romain est un peuple, et sa réalité est sans nul doute une *res publica* »[3].

---

1. Augustin, *La Cité de Dieu*, XIX, 21, *op. cit.*, t. 37, 1960, p. 141. Pour une présentation plus développée de cette argumentation, votre notre ouvrage *Tout pouvoir vient de Dieu. Un paradoxe chrétien*, Paris, Ad Solem, 2015, chap. 2, p. 45-61.

2. Augustin montre ainsi que, « d'après les définitions invoquées par Scipion dans *La République* de Cicéron, il n'y a jamais eu de république romaine ». Cf. *La Cité de Dieu*, XIX, 21, t. 37, *op. cit.*, p. 139. Il radicalise par là même un jugement de Cicéron, qui déclarait, quatre siècles et demi avant lui, qu'il n'y avait plus de république romaine, que celle-ci avait perdu toute réalité : « c'est par nos vices et non par l'effet du hasard que, tout en gardant le mot de république (*rem publicam*), nous en avons en vérité perdu la chose depuis longtemps ». Cf. *La République*, V, 1, t. 2, *op. cit.*, p. 92 (trad. modifiée).

3. Augustin, *La Cité de Dieu*, XIX, 24, t. 37, *op. cit.*, p. 163 (trad. modifiée). Il convient par ailleurs ici de noter que cette redéfinition de la république est déjà envisagée au livre II : « Selon de plus vraisemblables définitions, il est vrai, elle fut à sa manière une république,

LA LOYAUTÉ POLITIQUE ET LA LIBERTÉ SPIRITUELLE

Augustin accomplit certes une spiritualisation de la définition de la république, mais cette spiritualisation redonne paradoxalement à la république romaine le statut de république que lui avait retiré la définition cicéronienne et proprement politique de la république. Alors que la définition politique de la république, centrée sur le concept de *summa justitia*, avait déréalisé la république romaine, la redéfinition spirituelle de la république lui reconnaît sa réalité, en la comprenant à partir de l'*amor* qui la constitue. Nonobstant les critiques qu'il adresse aux mœurs romaines tout au long du livre II, Augustin ne dit jamais que l'*amor* qui constitue la république romaine coïncide parfaitement avec l'*amor sui* qui constitue la cité terrestre : Rome fut certes « fondée comme une seconde Babylone, comme une fille de la première », mais « par elle il plut à Dieu de soumettre par les armes la terre entière et de lui imposer, une fois rassemblée dans une seule communauté de gouvernement et de lois, la paix dans toutes les contrées »[1]. Augustin caractérise très précisément l'amour qui constitue la république romaine d'« amour de la louange (*amor laudis*) », qui est également amour de l'honneur et de la gloire. Cet amour non vertueux a du moins le mérite d'avoir fait que les anciens Romains surmontèrent la logique de la cité terrestre, se mirent au service d'une fin commune, « se vouèrent au service de leur patrie, cherchèrent en elle cette gloire même et n'hésitèrent pas à mettre son salut au-dessus

et mieux administrée par les anciens Romains que par leurs descendants », *ibid.*, II, 21, t. 33, *op. cit.*, p. 377 (nous suivons ici la légère retraduction de ce passage par G. Madec dans l'édition de la « Nouvelle Bibliothèque Augustinienne », t. 1, Paris, Institut d'études augustiniennes, 1993, p. 157). Lubac résout le problème de la double définition de la république en soulignant qu'Augustin ne se contredit ni ne se corrige, puisqu'il n'en revendique que la seconde définition comme la sienne propre, accordant ainsi à l'État romain, comme à tout État, le statut de république. *Cf.* « Augustinisme politique ? », *op. cit.*, p. 274. Comme le remarque de son côté Gilson, cette redéfinition de la république, qui implique une nouvelle définition de la cité, permet également à Augustin de conférer à la cité terrestre le statut de cité, et donc – ajoutons-le – de fonder la distinction des deux cités qu'il énonce au livre XIV : la cité terrestre n'a pas de consistance propre, mais elle peut être appelée du nom de cité, puisqu'elle se constitue à partir d'une certaine logique de l'amour, qui n'est autre que l'amour de soi. Cf. *Les métamorphoses de la cité de Dieu, op. cit.*, p. 50-51. Mais aucun des deux auteurs ne rend compte de la nécessité pour Augustin de reprendre dans un premier temps la définition cicéronienne de la république, comme si cette reprise restait en définitive une impasse dont Augustin sortirait grâce à sa propre définition de la république. Autrement dit, aucun des deux ne voit clairement que l'exigence profonde qui commande à la fois la reprise de la définition cicéronienne (livre XIX, chap. 21) et la redéfinition de la république (livre XIX, chap. 24) n'est autre que le principe chrétien de séparation des ordres.

1. Augustin, *La Cité de Dieu*, XVIII, 22, t. 36, *op. cit.*, p. 551.

de leur propre salut, étouffant la passion de l'argent et de bien d'autres
vices en faveur de ce vice unique : l'amour de la louange »[1].

Augustin n'identifie pas l'amour de la louange à une vertu, il y
reconnaît au contraire un vice, mais il lui accorde une force de réalisation
de la république romaine, parce qu'elle constitue une force de pacification,
dont l'instrument n'est pas simplement la domination, mais aussi le
gouvernement et les lois. C'est pourquoi, tout injuste et idolâtre qu'il soit,
le pouvoir romain est un *pouvoir légitime*, auquel les chrétiens doivent être
soumis, car, « tant que s'entremêlent les deux cités, nous usons nous aussi
de la paix de Babylone »[2]. Cet usage trouve dans le livre XIX à la fois une
brillante formulation et une condition non négociable, qui consiste à dire
que les chrétiens ne doivent être soumis au pouvoir que tant qu'il ne leur
est pas prescrit d'accomplir eux-mêmes un acte injuste et idolâtre :

> Cette cité céleste donc, pendant tout le temps qu'elle vit en exil sur cette
> terre, recrute des citoyens dans toutes les nations, elle rassemble sa société
> d'étrangers de toute langue sans s'occuper des diversités dans les mœurs,
> les lois et les institutions, grâce auxquelles la paix s'établit ou se maintient
> sur terre ; elle n'en retranche rien, n'en détruit rien ; bien mieux, elle garde
> et observe tout ce qui, quoique divers dans les diverses nations, tend à une
> seule et même fin : la paix terrestre, *à condition* que de telles observances
> n'entravent pas cette religion qui apprend à adorer un seul Dieu véritable
> et souverain[3].

User de la paix de Babylone ne signifie pas cautionner l'injustice et
l'idolâtrie, si bien que la soumission des chrétiens au pouvoir romain,
comme à tout pouvoir légitime, ne doit jamais être inconditionnelle.
Qu'il n'y ait de véritable justice que dans la cité du Christ n'implique
pas que « le droit devienne chrétien »[4], à moins que par « chrétien » on
entende ici un droit qui se fonde sur le principe de séparation des ordres,
c'est-à-dire un droit qui respecte la liberté spirituelle de ceux auquel il
s'applique, un droit qui dissocie nettement les obligations civiques des
obligations religieuses. Mais il convient en même temps de souligner que
ce principe n'est pas spécifiquement chrétien, mais proprement rationnel,
et qu'il peut donc apparaître comme tel aux non-chrétiens. Il faut ici
se rapporter à la critique de la théologie civile qu'Augustin élabore au
livre VI, reprochant à Varron de ne pas avoir osé la critiquer, alors qu'il

---

1. Augustin, *La Cité de Dieu*, V, 13, t. 33, *op. cit.*, p. 705.
2. *Ibid.*, XIX, 26, t. 37, *op. cit.*, p. 167.
3. *Ibid.*, XIX, 17, t. 37, *op. cit.*, p. 131 (nous soulignons).
4. M. Villey, *La formation de la pensée juridique moderne*, *op. cit.*, p. 123.

en voit l'irrationalité en y intégrant la théologie poétique qu'il critique, et reprochant à Sénèque de l'avoir critiquée sans avoir osé la toucher, et donc de préconiser au sage une pratique sans adhésion du cœur[1]. Force est ainsi d'observer qu'Augustin n'ouvre pas tant une « ère nouvelle de l'histoire du droit »[2] qu'il décrit les effets temporels et politiques de l'entrée de la cité du Christ dans la république romaine. Le principal réside précisément dans la séparation des ordres, qui s'était jusque-là manifestée négativement dans le discours et le comportement des philosophes[3], et se manifeste désormais positivement dans le discours et le comportement des chrétiens : *obéir à César mais n'adorer que Dieu seul*. Comme dit Lubac dans une formule très ramassée, « Loyalisme envers le pouvoir, et liberté spirituelle : telle est donc l'attitude qu'Augustin dicte aux fidèles, à la suite de l'Évangile et de saint Paul »[4].

Au-delà du paradoxe historique qui consiste à dire que les théoriciens les plus systématiques de la théocratie pontificale, et notamment Gilles de Rome, écrivent au xive siècle, c'est-à-dire après l'essor de l'aristotélisme au siècle précédent, nous avons montré qu'il s'agit d'un contresens majeur sur la pensée politique d'Augustin, qui consiste à adopter une approche théologico-politique de la *Cité de Dieu*, à faire de cet ouvrage un « grand traité de politique chrétienne, ayant pour fin d'établir une doctrine chrétienne de l'État »[5]. Ce sera le projet de Luther, qui reprendra les catégories de la *Cité de Dieu* pour « fonder solidement le droit et le glaive temporels, afin que personne ne doute qu'ils procèdent de la volonté de

1. Augustin, *La Cité de Dieu*, VI, 10, *op. cit.*, t. 34, 1959, p. 105.
2. M. Villey, *La formation de la pensée juridique moderne, op. cit.*, p. 123.
3. Le premier de ces philosophes étant Socrate. Voir notamment sa présentation par Augustin en *Cité de Dieu*, VIII, 3, t. 34, *op. cit.*, p. 237-241. Socrate est plus généralement une référence dans la littérature apologétique chrétienne, notamment chez Justin, qui dresse un parallèle entre les accusations dont Socrate fait l'objet dans l'*Apologie* et les accusations dont les chrétiens du iie siècle font l'objet : « De plus, quand ils se sont efforcés, autant que la nature humaine le permet, de considérer et d'interroger le réel à la lumière de la raison, les hommes qui ont vécu avant le Christ furent traînés devant les tribunaux comme impies et comme magiciens. Socrate, qui s'y appliqua avec le plus de vigueur, fut l'objet des mêmes accusations que nous : on lui reprochait d'introduire des divinités nouvelles et de ne pas croire aux dieux que reconnaît la cité ». Cf. *Apologie pour les chrétiens*, II, 4-5, trad. fr. C. Munier, « Sources chrétiennes », Paris, Le Cerf, 2006, p. 351.
4. H. de Lubac, « Augustinisme politique ? », *op. cit.*, p. 275. Pour un développement de cette idée à partir d'Augustin et de ses prédécesseurs, avant tout Justin et Tertullien, voir notre ouvrage *Tout pouvoir vient de Dieu. Un paradoxe chrétien, op. cit.*, chap. 1, 3 et 4.
5. Nous reprenons ici les mots d'H. de Lubac critiquant l'approche d'Arquillière. *Cf.* « Augustinisme politique ? », *op. cit.*, p. 264-265.

Dieu et de l'ordre institué par lui dans le monde »[1]. Mais la perspective sera alors inverse de celle des théologiens pontificaux, puisqu'il s'agira pour Luther d'instaurer l'indépendance des princes chrétiens par rapport à l'Église, qu'il considère gouvernée par des « apôtres du diable »[2].

De nombreux arguments s'opposent à une approche théologico-politique de la *Cité de Dieu* qui range Augustin parmi les précurseurs des théologiens pontificaux, et d'abord le contexte historique dans lequel s'inscrit cet ouvrage. Bien que nous ne l'ayons pas évoqué jusqu'ici, on peut s'y référer pour saisir d'emblée le caractère plus apologétique que proprement politique de la *Cité de Dieu*. La prise de Rome par Alaric en 410, qui fut davantage un traumatisme remettant en question le mythe de la *Roma aeterna* qu'un bouleversement politique majeur, fit ressortir les polémiques entre chrétiens et païens qui n'avaient jamais cessé depuis les débuts du christianisme. Rome, devenue chrétienne, était tombée aux mains des barbares, il fallait par conséquent que les chrétiens se défendent de tout amalgame entre la décadence de l'empire et sa christianisation. C'est à cette défense que se consacra l'évêque d'Hippone dans la *Cité de Dieu*, répondant ainsi à la demande du chrétien Marcellin[3].

Dans la droite ligne des Pères apologètes, et en particulier de Justin et de Tertullien, Augustin n'élabore pas un « grand traité de politique chrétienne »; il ne s'agit pas de fonder le pouvoir direct de l'Église sur l'État, mais tout à la fois de dénoncer la corruption de la république romaine, sur le plan tant politique (l'injustice) que théologique (l'idolâtrie), et de décrire la manière chrétienne de vivre dans la cité, qui, il est vrai, apparaît dans la *Cité de Dieu* comme un obstacle majeur à la décadence des cités humaines : « Augustin posait déjà par là le grand principe qui justifie l'insertion de l'Église dans toute cité humaine, de quelque temps et de quelque lieu qu'il s'agisse : ayez de bons chrétiens, les bons citoyens vous seront donnés par surcroît »[4]. La *Cité de Dieu* ne fonde pas le pouvoir direct de l'Église sur l'État, mais elle justifie l'insertion de l'Église dans toute cité humaine, en raison de la contribution positive des chrétiens à la vie de la cité, quelle que soit la forme du gouvernement.

---

1. M. Luther, « Von weltlicher Obrigkeit » [1523], in *Ausgewählte Schriften*, K. Bornkamm, G. Ebeling *et alii* (eds.), t. 4, Frankfurt-am-Main, Insel Verlag, 1982, p. 39-40 ; trad. fr. F. Hartweg, « De l'autorité temporelle », dans *Œuvres*, t. 2, « Bibliothèque de la Pléiade », Paris, Gallimard, 2017, p. 6.

2. *Ibid.*, p. 61 ; trad. fr., p. 27.

3. Pour un résumé réflexif du contexte historique qui motive la rédaction de la *Cité de Dieu*, voir Ét. Gilson, *Les métamorphoses de la cité de Dieu, op. cit.*, p. 38-45.

4. *Ibid.*, p. 42.

Cette manière chrétienne de vivre dans la cité consiste à conjuguer loyauté envers le pouvoir politique et liberté spirituelle. Les analyses d'Augustin mettent ainsi en œuvre le principe de séparation, celui-là même que certains prêtent à Thomas d'Aquin de sauvegarder contre la tendance augustinienne à confondre les ordres, sans voir l'unité profonde de la pensée chrétienne sur cette question politique, comme sur tant d'autres. Concluons ainsi avec Lubac :

> Pas plus qu'il ne prêche la révolte, Augustin ne rêve donc d'un temps à venir où ce sera Dieu qui régnera sur la cité par ses ministres. [...] Il ne préconise d'ailleurs pas « l'adoption d'une forme déterminée de gouvernement civil » comme préférable à d'autres : « l'histoire de Rome, toujours présente à sa mémoire, suffisait à le convaincre que, selon les circonstances et surtout selon la nature du peuple qu'il s'agit de gouverner, telle constitution peut être préférable à telle autre ». Et nulle part on ne le voit rêver d'un avenir « théocratique »[1].

---

1. H. de Lubac, « Augustinisme politique ? », *op. cit.*, p. 276. Lubac cite ici Ét. Gilson, *Introduction à l'étude de saint Augustin*, *op. cit.*, p. 229 et 231.

THE POLITICAL AND THE BYZANTINE PHILOSOPHY

GEORGI KAPRIEV

One cannot find textual evidence for a political theology in Byzantium in the proper sense of the term. To be sure, the political praxis in the Eastern Roman Empire offers examples of spontaneous or deliberate functionalization of the religious according to political motivations and goals. This is noticed by Carl Schmitt too[1]. In some cases theological positions are used (or even misused) in the political field. But Schmitt attributes to the term "political theology" a narrower definition. His probably most renowned statement on this issue reads as follows : "All essential terms of the modern concept of state are secularized theological terms[2]". But terms are by definition part of the scientific infrastructure. Speaking of "theology", Schmitt means mainly theology as a science, *i. e.* rational theology[3]. And he is interested only in the explicitly formulated political theories.

In order to understand Byzantium, one should therefore search not for "political theology", but for "political philosophy". The Ῥωμαῖοι understand theology proper as God's self-expression, as spiritual experience in a form that prevents verbal articulation. Conversely, the speculative, rational or discursive theology is considered as a (superior)

---

1. *Cf.* C. Schmitt, *Political Theology II. The Myth of the Closure of any Political Theology*, transl. by M. Hoelzl and G. Ward, Cambridge, Polity Publication, 2008, p. 83 [original title : C. Schmitt, *Politische Theologie II. Die Legende von der Erledigung einer politischen Theologie*, Berlin, Dunker & Humblot, 1970].

2. « Alle prägnanten Begriffe der modernen Staatslehre sind säkularisierte theologische Begriffe », C. Schmitt, *Politische Theologie. Vier Kapitel zur Lehre von der Souveränität*, Berlin, Dunker & Humblot, 1996[7], p. 43.

3. *Cf. e. g.* Carl Schmitt, *Political Theology II, op. cit.*, p. 109-112.

part of first philosophy[1]. This principle, emphatically formulated by Photius of Constantinople[2], is valid for all Byzantine thinkers. The philosophy in question proclaims itself Christian : κατὰ Χριστιανοὺς φιλοσοφία[3].

The texts that should be studied here either develop philosophical political theories, or are dedicated to the concepts and problems of such theories. It is generally acknowledged that in Byzantium political thought does not exist as a self-dependent philosophical discipline; the interest towards political topics is much weaker than towards other issues of theoretical philosophy[4]. Here the grounds for this empirically provable thesis will be scrutinized. At the same time, the examples of reflecting on the political will be searched for – especially the ones of genuinely philosophical and not of politically-ideological nature.

IMPERIAL IDEOLOGY AND POLITICAL THEORY

Of crucial importance for the topic is the differentiation between imperial ideology and political thought[5]. The so-called βασιλικὴ ἐπιστήμη, "royal science", which is normally molded in panegyrics and mirrors of princes, cannot be justifiably added to the sphere of philosophy and philosophical literature. This science is in fact a propagandistic imperial concept, using a standard rhetorical and ideological repertoire. To be sure, this ideology has evolved over the centuries; it is not a stable structure. It is not the task of this text to trace its development. It will be enough to note that among the constant attributes of this ideology are the justification of the political idea of the "rights" of the emperor

1. G. Kapriev, *Philosophie in Byzanz*, Würzburg, Königshausen-Neumann, 2005, p. 15-18; *id.*, « Was hat die Philosophie mit der Theologie zu tun? Der Fall Byzanz », *in* A. Rigo, P. Ermilov and M.e Trizio (eds.), *Byzantine Theology and its Philosophical Background*, Turnhout, Brepols, 2011, p. 4-16.

2. Photius, *Amphilochiae*, 138, 182, *in* Migne, *Patrologia Graeca*, t. 101, 769A; 896C; 897D.

3. Maximus Confessor, *Mystagogia*, 5, *in* Migne, *Patrologia Graeca*, t. 91, 673B.

4. *Cf.* D. Angelov, *Imperial Ideology and Political Thought in Byzantium, 1204-1330*, Cambridge, Cambridge University Press, 2007, p. 8; D. Angelov, « Classifications of Political Philosophy and the Concept of Royal Science in Byzantium », *in* B. Bydén and K. Ierodiakonou (eds.), *The Many Faces of Byzantine Philosophy*, Athens, The Norwegian Institute at Athens, 2012, p. 46. I think that the monograph of Dimitar Angelov is the most complete study on this topic until now. In this text I will be referring often to this study, as well to the article quoted in which Angelov develops further his preliminary observations from the monograph.

5. D. Angelov, *Imperial Ideology, op. cit.*, p. 1.

and portraying the ideal ruler and his government, whereby the "royal science" does not differentiate between "imperial" and "political"[1].

It should be noted that this "science" does not incorporate the so-called caesaropapism, which is an ideological figure, used as an exception, as for example in (the much favored by Schmidt[2]) Eusebius of Caesarea or Leo III[3]. The model of relations between secular and ecclesial authority, promoted by the "royal science", is defined as συμφωνία, i. e. as concord, act of two synergetic powers, arranging one Christian universe. Normative in this respect is the preamble to the sixth novel of Justinian : There are two principles of power in the world, the kingship and the priesthood, which have one common source, namely Christ, and they work in close cooperation and in union with each other. The kingship refers to human deeds, whereas the priesthood deals with religious life and the divine. Similar formulations are to be found in legislative collections and historiographical texts from all periods of Byzantine history. Nevertheless, already in the 4th c. some ecclesiastics stress the supremacy of ecclesial over secular power, pointing to the domination of the mind over the body. Among these authors one can differentiate radical and moderate hierocrats[4].

THE ANCIENT *POLITEIA* AND THE BYZANTINE ERUDITION

Expecting political philosophy to be widely present in Byzantine tradition is an optical illusion. The latter is due to the fact that, starting from the 7th c. onwards, the texts and the main ideas of Aristotle and Plato are part of the Byzantine educational curriculum. For both Plato and Aristotle politics is an autonomous discipline within practical philosophy. Its bipartite division into legislative and judicial in Plato presupposes a

---

1. *Ibid.*, p. 9-10; 29-180; D. Angelov, « Classifications of Political Philosophy » *op. cit.*, p. 35, 45; Г. Г. Литаврин, « Политическая теория в Византии с середины VII до начала XIII в. », в З. В. Удальцова и Г. Г. Литаврин (eds.), *Культура Византии. Вторая половина VII-XII в.*, Москва, Наука, 1989, p. 71, 88.

2. *Cf.* C. Schmitt, *Political Theology II* (cf. *supra* n. 1), p. 79-102.

3. *Cf.* G. Dagron, *Empereur et prêtre. Études sur le « césaropapisme » byzantin*, Paris, Gallimard, 1996, *passim*.

4. H. Hunger, *Die hochsprachige profane Literatur der Byzantiner*, t. 1, München, Beck, 1978, p. 218-234; Г. Г. Литаврин, « Политическая теория », *op. cit.*, p. 68; М. Хронц, « "Света София" в Константинопол и императорската литургия », in *Archiv für mittelalterliche Philosophie und Kultur*, t. 5, 1998, p. 42-76; D. Angelov, *Imperial Ideology, op. cit.*, p. 361-362, p. 374-416.

stronger focusing on the political[1]. However, this division is relevant for few authors only, for instance : Michael Psellos[2], Nicephoros Blemmydes, Theodore Metochites[3] or Plethon[4]. The Aristotelian tripartite division of practical philosophy into ethics, economics and politics is widely accepted and it is validated by no one less than John Damascene. As part of Aristotle's corpus, the work *Politics* is widespread, but it is used only for textbook and antiquarian purposes without being creatively interpreted and further developed. It does not serve as a base for philosophical theorizing[5]. This is due to both the incompatibility of the ancient political speculation with the political context in Byzantium and the discrepancy between political activity and the Byzantine philosophical ethos.

It is not by chance that there is only one commentary of Aristotle's *Politics* throughout the entire Byzantine period. The commentary of Michael of Ephesus, preserved nowadays only in fragments, was the result of a patron's order. The commentary is superficial, descriptive and its author does not dispose of a genuine theoretical concept. The interconnection between political thought and contemporary social reality, which is normally taken for granted by Byzantine intellectuals, is only slightly alluded at through sketchy critiques of the rule of the Comnenoi[6].

The political situation in Byzantium has nothing in common with the organization of the ancient polis, according to the interpretation of the ancient philosophers. The Byzantines identify πολιτεία with the empire. The rigid monarchical system has no alternative and the center of power is exclusively personified by the emperor. All the rest are his subjects : οἱ ὑπὸ χεῖρα – they are entirely in his hands. The same holds true also for those involved in the state government, including their positions and privileges. "Βασιλεύς" and "πολιτικός", "emperor" and "statesman"

---

1. *Cf.* D. O'Meara, « The Justinianic dialogue *"On Political Science"* and its Neoplatonic sources », *in* K. Ierodiakonou (ed.), *Byzantine Philosophy and Its Ancient Sources,* Oxford, Oxford University Press, 2002, p. 56-58.

2. In any case for him the political speculation is the most insignificant part of philosophy.

3. He is the only one to state that political philosophy is the best part of philosophy and that it is regrettably neglected.

4. Plethon is not merely a radical Platonist, he is more and more strongly distancing himself from Christianity and he eventually ends up with some kind of paganism. Therefore, his views are not subject of this analysis.

5. *Cf.* D. Angelov, « Classifications of Political Philosophy », *op. cit.*, p. 25-28, p. 45.

6. *Cf.* O. Immisch (ed.), *Aristotelis Politica*, Leipzig, Teubner, 1929, p. 295-327.

become identical terms[1]. Michael of Ephesus also automatically identifies these figures : he speaks of "ὄρεξις (desire) βασιλικὴ καὶ πολιτική[2]".

POLITICS AND THE PHILOSOPHICAL ETHOS

It is commonly accepted that political theory is a territory preserved for the statesman, whereas political philosophy is required to refer to the real human life and its conditions, including its imperfections[3]. This notion determines the distancing of the byzantine philosophers from the immediate reflection on the political. In other words the distancing results from the very ethos of philosophizing.

Patriarch Photius strongly emphasizes that Christ did not give orders for any form of political government; the latter is determined by human praxis, namely the necessities of living and human needs. In the same passage he juxtaposes the political and the philosophical life : only the latter is compatible with salvation[4]. In his autobiographical essay Patriarch Gregorios II identifies the life of the philosopher with the life of the free person (ἐλεύθερος). Philosophy is the happy and blessed life in which human perfection is realized. On the contrary the public occupations are seen as an undesired must. He interprets even his own ascent on "the highest of all patriarchal thrones" as a mishap, namely as a forced diversion from the goals of personal happiness. His being cast into the whirl of developments is an affliction to his soul, kidnapping his personal freedom and disturbing his personal perfection[5]. Philosophy is identical with free life beyond publicity. The duty to serve the state is seen as an act, extrinsic to philosophical theory[6]. In his commentary to *Politics* Michael of Ephesus cares to point out that the intellect (νοῦς) possesses by nature supremacy over the imperial and political aspirations; he draws a

---

1. *Cf.* D. Angelov, « Classifications of Political Philosophy », *op. cit.*, p. 28-31.

2. *Aristotelis Politica, op. cit.*, 294, 25-26.

3. D. Angelov, « Classifications of Political Philosophy », *op. cit.*, p. 26, p. 33-34.

4. Photius, *Amphilochiae*, 101, *in* Migne, *Patrologia Graeca*, t. 101, 625BD.

5. *The Autobiography of George of Cyprus (Ecumenical Patriarch Gregory II)*, A. Pelendrides (ed.), Nicosia, Theopress, 1993, p. 38, p. 236-240, p. 272 [this editions follows the Greek text, published in W. Lameere, *La tradition manuscrite de la correspondance de Grégoire de Chypre, patriarche de Constantinople (1283-1289)*, Bruxelles, Palais des Académies, 1937, p. 177-191).

6. *Cf.* H. Hunger, *Die hochsprachige profane Literatur der Byzantiner*, t. 1, *op. cit.*, p. 375.

difference between political and theoretical εὐδαιμονία, evidently giving
priority to the latter[1].

The stated distancing of Byzantine philosophers from the political
and the lack of specific political and philosophical texts do not imply a
complete lack of political and philosophical interest towards the political
ideas and theories[2]. The philosophical reflection on the political is
massively articulated in one single, seemingly unphilosophical genre :
historiography.

HISTORIOGRAPHY AND HISTORICITY
OF BYZANTINE METAPHYSIC

The distinction "not a historian, but theoretician and philosopher[3]"
is unfounded. No less a historian that Eusebius of Caesarea is a devoted
follower of Origen; Theodoret of Cyrus and Patriarch Nicephoros I are
not unimportant theologians; and, after Michael Psellos, a philosopher
would deal with historiography by custom. As a matter of fact, history is
not part of the corpus of philosophical knowledge according to Aristotle.
So the historiographical activity of philosophers is founded on the altered
conceptual background of philosophy. The key conceptual prerequisites
for the historiographical activity of philosophers are the following :
dynamism of being, priority of the hypostatical (and not the essential)
and historicity of being. The interconnection "history-metaphysics" is
of utmost importance in Byzantine philosophy. It is its pivotal notion.
Metaphysics is based on historicity.

The implementation of the historical into the core of metaphysics is
one of the revolutionary steps of Christian speculation in philosophy.
The historicity and the temporality are not merely facets of the subject
matter of philosophizing in Byzantium. They are the central elements

1. *Aristotelis Politica, op. cit.*, 294, 25-26 et 303, 18-20.
2. D. Angelov, *Imperial Ideology, op. cit.*, p. 9.
3. *Ibid.*, p. 235. Although it is valid for Theodore II Laskaris to whom it refers
on that particular place, the distinction is inadequate in regard to Byzantine culture in
general. Angelov notes that the historical writer has much more freedom to comment on
contemporary problems, without being dependent on literary or rhetorical conventions. But
Angelov sees the historiographers only as critics of the imperial idea, not as philosophers of
history and of politics. *Ibid.*, p. 252-254. At the same time, four (Akropolites, Pachymeres,
Gregoras and Kantakouzenos) of the five historiographers of the 13th and 14th c. mentioned
(*ibid.*, p. 255-256) are specialized philosophers and the probable author of the « Synoptic
chronicle », Theodore Skutariotis, of whom little is known, continues the chronicle of
Akropolites.

of philosophical speculation par excellence and they determine the differentia specifica of Byzantine philosophy.

Also in this respect Maximus the Confessor is a paradigmatic figure. He determines the orders of creation and deification as beginning and goal of one and the same divine plan manifested in history[1]. Maximus does not conceive history as an autonomous and, therefore, defective movement of the postlapsarian contingent being in time, opposed to divine eternity and to the unchangeable principles of being. History is not a pseudomorphous chronotope, which is to be overcome and rejected. On the contrary, in the realm of history Maximus associates the perishable with the endless, the transient with the eternal. The principle and the goal of history, as well as its meaning and the paradigm of its dynamics, come from the Principle of all principles. The history of the world and the history of salvation have a common center : Christ's earthly life, which determines the transformation of the order and structure of the universe, the latter being conceptualized through history. History is not the "complete antipode" of the ontological principles, which are seen as abstract metaphysical grounds beyond all movement, time and matter. These principles act and exist in history, as far as the Logos himself acts in them. History is an epiphany of the metaphysical.

Byzantine historiography (especially during the so-called middle and late Byzantine period) is based on this fundamental concept. No doubt, it consists "mostly of narratives of imperial history, focused on the person of the emperor, whereas the social, economic and also ecclesial affairs play a minor role[2]". However, the concept of history implied by the historiographers rests upon Christian principles, without abolishing the rational analysis of historical development. History is interpreted from the perspective of providence and therefore the divine intervention in the course of events is explicitly marked ; even the selection of the historical material follows this interpretative pattern[3]. The pillars of this concept are the creation, the incarnation of the Logos and the end of the world, as well as human freedom and the destiny of man. Themes of that kind determine the philosophical view on politics.

1. *Cf.* Maximus Confessor, *Expositio orationis dominicae*, in Migne, *Patrologia Graeca*, t. 90, 873D.

2. P. Schreiner, *Byzanz*, München, Oldenbourg Verlag, 1994², p. 86.

3. *Cf.* H. Hunger, *Die hochsprachliche profane Literatur der Byzantiner*, t. 1, *op. cit.*, p. 243-278.

THE CORE ELEMENTS OF HISTORICIST METAPHYSICS

Creation

One of the core elements of this metaphysics is the concept of creation. Already the Cappadocians postulate that God created the world out of nothing through his energies, producing everything in one act, which is beyond time. The generation of contingent being takes place through change and setting in motion. Thus the beginning of time is laid. But Basil the Great insists that the beginning of time is not time; it has no parts, no dimensions or duration. God created the visible world at once, but the world is not realized at once in its completeness and order[1]. The non-temporal beginning of time is the first "metaphysical element" in historic time. The movement of historical time is also constituted by a transcendent principle, thus being metaphysically regulated. Movement necessarily belongs to the contingent things : it is engraved in the natural principle of each contingent being[2].

Christological center

The crucial axis of the historicist metaphysics is the Christological center of history. The teaching of creation becomes fundamentally meaningful in terms of history only in the perspective of the historical presence of the incarnated Logos. The transcendentally-metaphysical principle enters history not by means of ideas subsisting outside history, but through the given historical existence of the Savior. The presence of Christ is conceived according to the dimensions of history and meta-history.

Eschatology

The eschatological nature of history is another core of the historicist metaphysics. The Logos desires that all be saved and for this reason he deifies human nature in himself : hence the salvation of humankind[3]. Personal deification is the next step. It takes place within the free movement towards good being and eternal being, whereby the latter is

1. Basilius Magnus, *Homiliae in Hexaemeron*, I, 5-6, *in* Migne, *Patrologia Graeca*, t. 29, 13A-17A.

2. *Cf.* Maximus Confessor, *Ambigua ad Thomam*, 4, *in* Migne, *Patrologia Graeca*, t. 91, 1041B ; *Ambigua ad Ioannem*, 7, in Migne, *Patrologia Graeca*, t. 91, 1072BC.

3. *Cf.* Maximus Confessor, *Quaestiones ad Thalassium*, 59, in Migne, *Patrologia Graeca*, t. 90, 609BC ; *id.*, *Mystagogia*, 7, *in* Migne, *Patrologia Graeca*, t. 91, 685C.

only participated in by grace. However, the movement can also be towards bad being and eternal bad being. This dialectics is developed in history and through the synergy between divine grace and human nature and hypostasis[1]. Metaphysics is verified through the completion of history.

Providence, fate and free will

This perspective enables the detailed account of the synergy between the free activity of God and the free activity of man. This synergy is the leavening agent of historicity. In that the eastern Christian tradition differs distinctly from the notion, which has become popular in the West. The understanding of human freedom and its relation to divine grace is the crux of Byzantine philosophy and of the Byzantine view on history. This understanding is also in the center of political speculation.

The philosophical position

John Cassian opposes the views of Augustine who, in his later works[2], underscores human freedom and denies its role in the process of salvation. According to Cassian the freedom humans are endowed with should not be interpreted as captivity : human will preserves its autonomy. He insists that the cooperation between human will and divine grace enables good deeds. Cassian gives priority to God. But God always leaves room for the freedom of volitional choice, the latter being a divine gift. Cassian stresses the guiding role of divine providence, but rejects any form of predestination[3]. His positions have a historical background and are continued within a long tradition.

In the end of the 4th c. in the treatise *De natura hominis*, the Byzantine "textbook on anthropology", Nemesius of Emesa, drawing on some notions developed already by the Cappadocians, stresses the role of free human will in the field of what depends on us (ἐν τοῖς ἐφ᾽ ἡμῖν). The base of the voluntary act (ἑκούσιον), as well as of the free volitional choice (προαίρεσις) is the free will, *i. e.* the self-governance (τὸ αὐτεξούσιον). The latter is outside the sphere of the eternal, necessary, natural and perpetual, and does not belong to the field of pure coincidence or spontaneity (αὐτόματον) either. God created man as self-governing, so that man can be the principle of his own deeds. Free will is necessarily

1. Cf. *id., Ambigua ad Ioannem*, 7, *in* Migne, *Patrologia Graeca*, t. 91, 1048B, 1073AC, 1076A, 1077AB, 1084B ; *ibid.*, 42, *in* Migne, *Patrologia Graeca*, t. 91, 1325B ; 1329AB.
2. Particularly in *Liber de dono perseverantiae* and *De praedestinatione sanctorum.*
3. *Collationes patrum*, XIII, 18, *in* Migne, *Patrologia Latina*, t. 49, 946 AB, 937B.

interconnected with the rational ability (τὸ λογικόν) : each rational nature
is by necessity self-governing (αὐτεξούςιος). Following this pattern,
Nemesius does not leave any room for fate (εἱμαρμήνη). Fate is defined as
a succession of unchanging causes, as a stable order and interconnection,
leading to a necessary goal. Those who ascribe validity to fate, make
the entire πολιτεία void. They conceive man as a mere instrument of an
external circular motion. They blame human sins and crimes on God the
Creator and describe divine will itself as a necessity, subject to fate. In this
context Nemesius identifies fate with predestination and implies that the
maintaining of the concept of fate is a blasphemy and absurdity (ἀτοπία),
revoking providence and piety. At the same time providence (πρόνοια) is
emphatically defended. Through divine will the stability (διαμονή), the
disposition (θέσις) and the order (τάξις) of being is determined, as well as
the mode of preservation of these tree elements. But "that which depends
on us" results from us. In fact, everything happens thanks to divine
permission (συγχώρησις). But there are different kinds of permission.
Life is ἀγών and στάδιον of virtue exactly because God, who possesses
fore-knowledge, leaves the πρᾶξις executed by man to human free choice.
Thus human πρᾶξις depends really on man and he is fully responsible for
it. In the domain of that which depends on us the result is determined by
both human free choice and divine providence[1].

Nemesius'positions, confirmed by Maximus the Confessor and
John Damascene, are maintained during the entire Byzantine period.
It is commonly accepted that through his knowledge God, as a giver
of grace, has foreseen that some will use free will properly, and others
badly, thus misusing their freedom. The maintaining of predestination,
irrespective of human deeds, is deemed insane and impious. In the course
of salvation God does not annihilate human free will. Believing that some
kind of fate or spontaneity have power over human beings and sharing
a fatalistic worldview are qualified as apostasy to paganism, the latter
being incompatible with Christian teaching and with the belief in divine
providence[2].

---

1. *De natura hominis*, 32-38 et 42-44, *in* Migne, *Patrologia Graeca*, t. 40, 728B-761A
et 780C-817A. *Cf.* G. Kapriev, « Freier Wille und Vorherbestimmung in der byzantinischen
Tradition (von Nemesios von Emesa bis Photios von Konstantinopel) », in *Moral Agency
and its Constraints : Fate, Determinism and Free Will in the Middle Ages*, A. Beccarisi,
F. Retucci (eds.) (= Medioevo 42/2017), 126-137.

2. *Cf.* L. Benakis, « Die Stellung des Menschen im Kosmos in der Byzantinischen
Philosophie », in *id.*, *Texts and Studies on Byzantine Philosophy I*, Athens, Parousia, 2002,
p. 145-146.

During the 15th c. the issue was specifically dealt with in the debates between the newly-born Platonism and Aristotelianism. In 1439 in his work *De differentiis* (and more emphatically afterwards) Plethon defends Plato's thesis that everything in the world happens by necessity : everything emerging has a cause and every cause leads to a certain consequence. He affirms a strict fatalism, underlining the inalterability of fate (εἱμαρμήνη). To deny fate means for Plethon denying divine foreknowledge. The so-called free choice itself is dictated by external circumstances, as well as by internal determined desires. Freedom is not contrary to necessity, but it implies serving to the supreme necessity, which is a realization of the purpose of human race. It is telling that even Bessarion, who defends the positions of Plethon, takes a more compromising stand. For him providence is an unalterable and stable succession of the determinations, and fate is the same, but – in its dynamic unfolding. Fate renders the unalterable in a variegated and unique development, thus allowing for spontaneity and possible events; this is the topos of free will. Fate has a provisional supremacy over reason, which formulates the arguments for the choice. The objections of Plethon's opponents are much sharper. Georgios Scholarios considers Plethon's ideas an attack against orthodoxy. Theodore of Gaza interprets fate as a hypothetical necessity, enabling the rational judgment and free choice. Georgios of Trebizond rejects the identification of providence with fate. Fate is a dynamic and temporally developing manifestation of the things caused by God. Human intellect is not directly dependent on it. Matthaeus Kamariotes states that fate is not the first active cause, because there is an acting agent before it. Those who accept fate make providence useless. God knows everything we do, but he is not the cause of it. The unconditionally good God does not design anything imperfect. Humans are subordinate to God who does not coerce, but urges man[1]. The concept of fate, as a source of irrevocable fatalism, is rejected also in this debate.

1. *Cf.* Ц. Бояджиев, *От Плитон до Висарион. Философските дискусии от последните десетилетия на Византия*, София, Изток-Запад, 2016, *passim*.

FATE ACCORDING TO THE HISTORIOGRAPHY.
MICHAEL PSELLOS

The debates of 15th c. focus on fate, understood according to Plethon : as εἱμαρμήνη. Historiographers also frequently use the term "fate", but in a different hypostasis : fate-τύχή.

It has been noted that Byzantine chroniclers strongly believe in the unseen intervention of God in historical developments. Historical events are interpreted in view of divine providence. Human efforts are in vain without divine consent; in this context θεία πρόνοια, τὸ θεῖον and τὸ δαιμόνιον are normally used as synonyms. God governs the developments in the world. At the same time, πρόνοια and the "pagan" τύχή seem to be of equal importance for historiographers. Fate-τύχή is a stable explanatory model in Byzantine historiography[1].

The interconnection between πρόνοια, εἱμαρμήνη and τύχή has been paradigmatically analyzed already by Michael Psellos. In his work *De omnifaria doctrina* he explains that fate-εἱμαρμήνη is "a secondary manifestation of providence and stewardship (ἐπιστασία)". Thus Psellos reduces fate to an instrument of God, subordinate to providence. Furthermore, he insists that fate can influence only the material and the corporeal reality and thus it is irrelevant for human relations and human will[2]. The pagan concept of εἱμαρμήνη undergoes a Christian deconstruction. Even divine foreknowledge does not imply interference in nature and in human free will : it is not the cause of the events. In the final analysis, the events in the world that depend on man develop according to a peculiar pattern (κατὰ τὸν ἴδιον εἱρμόν)[3].

In another text in which he comments on Plato, Psellos states that εἱμαρμήνη is the divine law, acting also in the soul. Among the causes of the historical developments Psellos gives the following order of priority : the divine (τὸ θεῖον, which denotes the πρόνοια), fate-εἱμαρμήνη, nature (φύσις), fate-τύχή and spontaneity (αὐτόματον). Psellos describes τύχή as wasting and combination (σύμπτωσις καὶ συνδρομή) of two causes, due

1. *Cf.* H. Hunger, *Die hochsprachige profane Literatur der Byzantiner*, t. 1, *op. cit.*, p. 262-265, 388, 400, 415, 463-464.

2. He explains elsewhere that providence is an immediate benefaction (εὐεργεσία) of God, whereas fate-εἱμαρμήνη governs our deeds by associating the orders of beings; this is why fate-εἱμαρμήνη is valid mostly in the corporeal sphere. Εἱμαρμήνη is governed by God; he is above it : Michael Psellus, *Interpretatio verborum haldaeorum*, *in* J. M. Duffi and D. J. O'Meara (eds.), *Michaeli Pselli philosophica minora*, t. II, Leipzig, Teubner, 1989, 143. 23-144. 1.

3. *Cf.* L. Benakis, « Die Stellung des Menschen », *op. cit.*, p. 149-152.

to which the free volitional choices have a principle, different from what happens by nature. The principle of human deeds (ἀρχὴ πράξεως) is our intellect. All skills, virtues and the entire rational praxis of the soul are initiated by us and by providence[1]. Whereas εἱμαρμήνη is interpreted as *fatum, i. e.* as an instrument of providence in the sphere of the transient and the material, τύχή is the point in which the necessary causes are neutralized; this is the territory of human free will, where human hypostasis is manifested[2]. This is why, when discussing the historical causes for action in the field of the political, Michael of Ephesus, who is influenced by this model, plainly states that what is planned by God has priority[3]; right afterwards he elaborates on the qualities typical for political leaders.

This position explains why the fatalistic interpretation of τύχή is a rare phenomenon in historiographical texts[4]. The sphere of history and politics is a complex network of relations, woven by the active exchange between its agents. No doubt, the leading active cause in this field is divine providence; the causal influence of natural processes and, to be sure, of historical persons is seen as parallel to divine providence. Decisive for this view is the commonly accepted philosophical axiom that the world is not a totality of stable objects, but an energy field, formed by dynamic relations causing the single events. The actual being is determined not by substance, but by dynamics, "practices", realized in co-existence, whose first causal principle is freedom[5]. Constitutive for this conceptual context is the other major turn in philosophy, implemented by Christian thought. Not the essential or the natural characteristics stay in the conceptual focus now, but the unique bearers of these characteristics : the hypostases, the persons. Precisely because of this (since at least the *Chronography* of Michael Psellos) a significant part of the historiographical texts is

1. Michael Psellus, *De distributione perfectorum et necessariorum, in* J. M. Duffi and D. J. O'Meara (eds.), *Michaeli Pselli philosophica minora,* t. II, 29. 18-23 et 28-30.

2. Symptomatic is that Theodore II Laskaris compares, even if slightly jokingly, the teacher (παιδαγωγός) with the fate-τύχή, whirling around the pupil : *Theodorus II Ducas Lascaris, Satyra in paedagogum,* 1, *in* A. Tartaglia (ed.), *Theodorus II Ducas Lascaris, Opuscula rhetorica,* München-Leipzig, Saur Verlag, 2000, 154. 10-11.

3. *Aristotelis Politica,* 309, 1-9.

4. Such an interpretation is to be found in Laonikos Chalkokondylos (who worked after the middle of the 15th c.) and is ascribed with good reasons to his discipleship by Plethon : H. Hunger, *Die hochsprachige profane Literatur der Byzantiner,* t. 1, *op. cit.,* p. 489.

5. *Cf.* C. Yannaras, « The Ontology of the Person – an outline », *in* S. Mitralexis and A. Kaethler (eds.), *Ontology and History. Conference Booklet,* Delphi, European Cultural Centre of Delphi, 2015, p. 71-77.

dedicated to prosopography, *i. e.* to description of the personal traits
in their uniqueness and existential dynamic. This explains one of the
main principles of the political in Byzantium : the absence of a blue
blood aristocracy. The words εὐγένεια, εὐγενής have never been used
for denoting any kind of family aristocracy. Nobility is seen as a moral
virtue, designating the soul of the subject and enabling the latter to join
the political and the social elite. This is why friendship, and not the family
relations, is the major factor for a political career[1].

THE HISTORICIST METAPHYSICS
AS A BACKGROUND FOR POLITICAL THOUGHT.
THEODOR II LASKARIS

In spite of the lack of professional treatises on political philosophy,
the historicist metaphysics is the base – a rather stable base in fact –
for political thought in Byzantium. This metaphysics determines the
interpretative view and the conceptual model of political thought. This
function of metaphysics is guaranteed by the consensus requirement
that the state system is organized, governed and legislated according to
the principles of reason, namely the philosophical reason[2]. The social
dimensions of this metaphysics are explicitly manifested in historiography,
particularly in that written by philosophers. A negligibly small number of
texts are influenced by Platonic views according to which "royal science"
is an immediate subdivision of philosophical knowledge, possessing
metaphysical significance[3]. In contrast to that one can easily notice that
the various non-philosophical texts dedicated to political issues, including
the panegyrics and the *specula principum*, are based precisely on the
historicist metaphysics. That is why in numerous cases writers insist that
the ruler has a philosophical education or, at least, that he disposes of
a philosophical instructor. The connection between political action and
thought with philosophy is perhaps most explicit in Theodor II Laskaris.

Being a philosopher himself, but the son of an emperor too and, later
on, an emperor (1254-1258), Theodore is the author of political and
rhetorical texts. In them, as well as in some chapters of his philosophical

---

1. *Cf.* D. Angelov, *Imperial Ideology, op. cit.*, p. 217-234.

2. *Cf.* T. Pavlov and S. Markov, « Political Philosophy as an Interpretative View and
Conceptual Model (Michael of Ephesus and Gemistus Plethon) », *Archiv für mittelalterliche
Philosophie und Kultur*, t. 12, 2006, p. 32.

3. *Cf.* D. Angelov, « Classifications of Political Philosophy », *op. cit.*, p. 35-45.

works, he theorizes over the imperial government[1]. Philosophy is most directly dealt with in his *Satyra ad paedagogum*. Although it is called κωμωδία, this work discusses seriously the importance of philosophy in his education as the son of an emperor who is being prepared to assume government.

He states programmatically that philosophy surpasses all things in life and that through wisdom man can acquire everything coming from God, whose name is wisdom[2]. He names the different benefits of philosophical knowledge for the formation of a ruler and for his government. In paragraphs 14-18[3] Theodore demonstrates the crucial importance of philosophy for understanding the essence of practical deeds (πράξεις[4]), proving his theses through the six definitions of philosophy, that became classical after being adopted by no one less than John Damascene and Michael Psellos. In paragraph 18 Laskaris makes a kind of resume of the most mportant benefits achieved by each definition[5]. The relatively detailed elaboration of the status of philosophy as "art of arts and science of sciences" is relevant to our topic[6]. Here the first science (πρώτη ἐπιστήμη) is described as following divine providence, as well as nature, the latter being subordinate to divine commands. Here philosophy is identified with βασιλικὴ ἐπιστήμη, i. e. "royal science", of which every man in the world without exception should be acquainted. Theodore draws the conclusion that it is a must to philosophize as competently as possible. He is confident that it is necessary for a ruler to study this ἐπιστήμη and not to do (πράττειν) anything without it[7].

1. *Cf.* D. Angelov, *Imperial Ideology, op. cit.*, p. 204-252.
2. *Theodorus II Ducas Lascaris, Satyra in paedagogum*, 11, in *id.*, *Opuscula rhetorica, op. cit.*, 168. 343-345.
3. *Ibid.*, 14-18, 172. 446-181. 657.
4. *Ibid.*, 17, 179. 608-609.
5. He notes that through the definition of philosophy as knowledge of being one reaches a life in the truth of being; through « knowledge of things divine and human » one avoids shameful deeds; « remembering death » enables man to choose good and to avoid evil; becoming godlike, as far as it is possible for man, provides knowledge of what is proper for a ruler (ἄρχων) and a subject, as well as knowledge of the first principle, and of each principle, starting from the anarchical and eternal principle; through "love for wisdom" man, assisted by the heavenly Eros, acquires love and just behavior, *ibid.*, 179. 610-181. 657.
6. *Cf.* D. Angelov, « Classifications of Political Philosophy », *op. cit.*, p. 40-42.
7. *Theodorus II Ducas Lascaris, Satyra in paedagogum, in id., Opuscula rhetorica, op. cit., 18,* 180. 632-181. 652.

CONCLUSION

The integration of royal science to the first philosophy and the declaration that philosophy is the base of political praxis is immediately evident for Theodore, who is not only trained in philosophy, but a prolific philosophical writer himself. For the majority of the compilers of rhetorical and pedagogical texts in the field of political ideology, as well as for the emperors and for the political figures such competence is not necessarily available. But also for them the historicist metaphysics of Byzantine philosophers functions as a background for both their thought and their praxis.

LE THÉOLOGICO-POLITIQUE COMME RETOUR
DANS LA CAVERNE : FARABI, PLATON
ET LE SALUT DE L'HOMME

PHILIPPE VALLAT

Mon exposé se divise en quatre parties. La première évoquera celui qu'on ne peut pas ne pas citer en parlant du théologico-politique chez Farabi ; je veux bien sûr parler de Leo Strauss[1]. J'expliquerai pourquoi il est vrai que l'ésotérisme a chez Farabi pour fonction d'aborder indirectement la question théologico-politique, et pourquoi l'interprétation de Farabi par Strauss, et plus encore par ses disciples, est malgré tout inexacte. La deuxième partie expliquera en quoi consiste l'ésotérisme chez Farabi, en partant du texte où lui-même explique comment il faut lire la *Cité vertueuse*, son œuvre réputée la plus exotérique[2]. Dans la troisième partie, j'essaierai de reprendre la question théologico-politique par le bon bout, c'est-à-dire en partant des trois thèses possibles concernant le sort posthume des âmes : immortalité inconditionnelle et rétribution, ou bien immortalité conditionnelle, ou bien mortalité. Dans la quatrième patrie, je répondrai à une objection à mon interprétation générale de Farabi. Cette interprétation est la suivante : le philosophe naturel a pour vocation de devenir pour les hommes et la nature entière la providence particulière que le Premier principe, ou Dieu, n'exerce pas ; le philosophe devient tel en fondant une cité et une religion à la ressemblance de la philosophie, c'est-à-dire vertueuses, permettant ainsi aux non-philosophes d'avoir

---

1. J'ai conservé ci-dessous le style oral de la conférence initialement prononcée à l'Institut Catholique. Je me suis par ailleurs abstenu de multiplier les références à ceux des textes de Farabi auxquels je fais allusion sans les citer. Comme ces textes sont maintenant disponibles en français dans mes traductions annotées publiées aux Belles Lettres, j'invite les lecteurs désireux d'en apprendre plus à s'y reporter.

2. *Al-Fārābī on the Perfect State*, a revised text with intro., transl., and comment. by R. Walzer, Oxford, Clarendon Press, 1985.

part eux aussi à la félicité, qui est synonyme d'immortalité. Quant à cette objection, on peut la résumer ainsi : les images employées dans la religion vertueuse ne peuvent avoir la même efficace salvifique que les idées philosophiques. Autrement dit, à supposer même que la connaissance intellectuelle conduise ceux qui peuvent se l'assimiler à la félicité, les images, parce qu'elles s'adressent à l'imagination, ne peuvent cependant conduire les non-philosophes au même état. *Ergo* : soutenir le contraire est le noble mensonge, si l'on veut, de la philosophie politico-religieuse de Farabi. Au contraire de la philosophie, le but de la religion vertueuse ne peut pas être la félicité, mais seulement d'assurer la paix civile dont les philosophes ont besoin afin de mener à bien leur propre perfectionnement intellectuel.

LEO STRAUSS ET LA QUESTION THÉOLOGICO-POLITIQUE ARABE ET MÉDIÉVALE

Commençons donc par Leo Strauss. On pourrait montrer qu'à peu près tous les éléments de la méthode ésotérique suivie par Maïmonide dans son *Guide des égarés* viennent de Farabi, et notamment du *Régime politique*[1]. Il s'ensuit qu'à peu près tous les éléments de la méthode ésotérique identifiée par Strauss chez Maïmonide viennent de Farabi. Précisément parce qu'il connaissait Farabi assez mal, ce que Strauss a écrit à propos du philosophe arabe est, à tous égards, remarquable. Joint au prologue du *Compendium des Lois* de Platon[2] et au petit guide de lecture de la *Cité vertueuse*, intitulé *Sommaire de la Cité vertueuse*[3], un passage du *Régime politique* que nous lirons est à la philosophie politique de Farabi ce que l'introduction du *Guide des égarés* est à la pensée de Maïmonide : une clé de lecture, dont Strauss a deviné l'existence chez Farabi aussi. Dans le cas des deux philosophes, explique Strauss, cet art d'écrire en creux et entre les lignes visait à dissimuler une pensée possiblement scandaleuse

1. Moïse Ben Maimoun, *Le Guide des égarés*, publ. et trad. fr. par S. Munk, t. 1-2, Osnabrück, Otto Zeller, 1964 (sur Gallica : https://gallica.bnf.fr/ark:/12148/bpt6k55643) ; *cf.* Moses Maimonides, *The Guide of the Perplexed*, vol. 1, transl., with an introd. and notes by S. Pines, Introductory Essay by L. Strauss, Chicago, The University of Chicago Press, 1963. Abū Naṣr al-Fārābī, *Régime politique*, trad. fr., intro. et notes par Ph. Vallat, Paris, Les Belles Lettres, 2012. L. Strauss, *Persecution and the Art of Writing*, Chicago-London, The University of Chicago Press, 1980.

2. Th.-A. Druart, « Le Sommaire du Livre des *Lois* de Platon par Abū Naṣr al-Fārābī, édition critique et introduction », *Bulletin d'Études Orientales* 50, 1998, p. 109-155.

3. *Fuṣūl mabādi'ārā' ahl al-madīna al-fāḍila*, in M. Mahdi (ed.), *Alfarabi's Book of Religion and Related Texts*, Beyrouth, Dar El-Mashreq, 1986, p. 77-86 (dorénavant Farabi, *Sommaire de la Cité vertueuse*).

aux yeux de leurs lecteurs religieux[1]. L'art d'écrire de façon ésotérique a notamment pour but de protéger le philosophe de persécutions possibles. Comme nous le verrons, l'ésotérisme remplit d'autres fonctions, que Strauss avaient très bien vues aussi, à commencer par le recrutement de certains des lecteurs du philosophe.

Pour comprendre ce que « scandaleux » veut dire, il faut dresser la liste des questions à la fois religieuses et philosophiques qui étaient potentiellement autant de points de friction ou de discorde entre religions historiques et philosophie : Dieu connaît-il le monde ? Y a-t-il une providence particulière ? Dieu est-il cause efficiente ou créateur des êtres ? Si Dieu ne connaît pas le monde et s'il n'y a pas de providence particulière, la prophétie est-elle possible ? Si Dieu n'est pas cause efficiente du monde, celui-ci est-il créé ou éternel ? Quelle est la destination finale des âmes ? À ces questions s'en ajoutent d'autres, qui concernent l'éthique philosophique et l'éthique religieuse.

La réponse à donner à la question théologico-politique, c'est-à-dire l'articulation, possible ou non, du philosophique et de sa dimension politique *sur* le donné révélé ou réputé tel, vient à la suite des questions à apporter aux questions précédentes. Leo Strauss a pressenti plus qu'il n'a vu qu'à une partie au moins de ces questions, les réponses de Farabi sont en contradiction avec celles des religions historiques. De fait, pour Farabi, Dieu ne connaît pas le monde[2] et n'en est pas la cause efficiente, mais seulement formelle et finale[3].

---

1. Sur Strauss et la philosophie arabe, voir R. Brague, « Athens, Jerusalem, Mecca : Leo Strauss's "Muslim" Understanding of Greek Philosophy », *Poetics Today*, t. 19/2, 1998, p. 235-259. Il en existe une version française : *id.*, « Leo Strauss et Maïmonide », *in* S. Pines and Y. Yovel (eds.), *Maimonides and Philosophy*, Dordrecht, Martinus Nijhof, 1986, p. 246-268.

2. *Selected Aphorisms (Fuṣūl muntaza'a)*, M. Najjar (ed.), Beyrouth, Dar al-Machreq, 1993, § 86, p. 89-91 (dorénavant Farabi, *Aphorismes politiques*). En attendant la publication de ma propre traduction aux Belles Lettres, voir celle de S. Mestiri et G. Dye, *Abū Naṣr al-Fārābī, Aphorismes choisis*, Paris, Fayard, 2003.

3. Voir Al-Farabi, *Régime politique, op. cit.*, p. 62-63 (arabe p. 48, 5-6 et 48, 10-11) : « Ainsi, de l'être du Premier, le dessein n'est pas la venue à l'être de toutes les autres choses, car elles seraient autant de fins pour son être et il y aurait alors à son être une cause autre, hors de Lui… Il existe en vue de Lui-même et le fait que ce qui est autre que Lui procède de Lui est concurrent et conséquent à Sa substance ». La Cause première n'est pas cause efficiente du monde, sans quoi le monde serait cause finale de son être. Le monde émane certes de la Cause première, mais celle-ci n'a aucun rôle *volontaire* ou efficient dans cette émanation. Il n'y a donc pas de doctrine émanationniste dans sa pensée si on entend par-là que Dieu serait cause efficiente de ce qui procède de lui. Farabi assimile création et cause efficiente *et* matérielle ; voir *Sommaire de la Cité vertueuse*, p. 81. 14-19, traduit dans Farabi, *Régime politique, op. cit.*, introduction, p. XIX.

Le monde est éternel[1]. Il n'y a pas de providence particulière[2], mais seulement une dynamique téléologique générale, menant toutes choses à leur fin propre, et qui n'est particulière qu'en seconde intention, quand on l'envisage dans ses conséquences indirectes. De même, la prophétie législatrice est une fiction, car Dieu ne connaît que lui-même. Il ne révèle rien au sujet des choses humaines, ou des futurs contingents, car la connaissance des futurs contingents ou des choses particulières répugne à la nature divine et à la notion même de science. Reste la question de la destination de l'âme, que j'aborderai plus bas. Je laisse de côté les questions litigieuses relatives à l'éthique, dont Farabi parle à un endroit surprenant[3], en visant cette fois le christianisme et le « Aimez vos ennemis » (Mt 5, 44).

Les textes auxquels je viens de faire allusion offrent quelques exemples de la façon dont Farabi procédait pour aborder ces sujets, à savoir la connaissance divine, l'éternité du monde et, indirectement, la prophétie. Ces textes illustrent ce que Strauss avait compris, à savoir que Farabi a abordé ces sujets d'une manière volontairement ambiguë, requérant de son lecteur la plus grande attention, et une connaissance au moins élémentaire de la syllogistique d'Aristote et de ses commentateurs.

Je m'arrête à présent sur ce que Strauss ne pouvait savoir, et que ses disciples arabisants n'ont pas pris en compte. Ces derniers divisent l'œuvre de Farabi en traités ésotériques et traités exotériques. Mon impression est que ce qu'ils qualifient d'exotérique est en fait ésotérique, et que l'exotérique, soit est une notion équivoque, soit n'existe pas, soit ne nous est connu par aucune œuvre qui nous soit parvenue. Tout d'abord, sur tous les sujets de friction entre religions historiques et philosophie, Farabi dit tantôt ce qu'il pense vraiment, tantôt non. Il lui arrive aussi d'attribuer ce qu'il pense à d'autres, dont il ne cite pas le nom. Ou il se contredit subtilement. Mais il procède ainsi dans *tous* ses traités politiques, et non dans l'un plutôt que dans l'autre, comme l'ont cru les disciples de Strauss.

---

1. Voir Al-Farabi, *Aphorismes politiques*, § 84, traduit et analysé dans Ph. Vallat, « Al-Farabi's Arguments for the Eternity of the World and the Contingency of Natural Phenomena », in J. Watt and J. Lössl (ed.), *Interpreting the Bible and Aristotle. The Alexandrian Commentary Tradition between Rome and Baghdad*, Aldershot, Ashgate, 2011, p. 259-286.

2. Farabi, *Aphorismes politiques* § 87, p. 91-92 Najjar.

3. Voir *Kitāb al-taḥlīl* (*Livre de l'analyse*, 2ᵉ partie du commentaire sur les *Topiques* d'Aristote), R. Al-ʿAjam (éd.), *Al-manṭiq ʿinda l-Fārābī*, vol. 2, Beyrouth, Dar al-Machreq, 1986, p. 95-129, en part. p. 116-120. Ce commandement de Jésus est dit relever d'une éthique protagoréenne (120, 14-17).

De plus, il suggère lui-même, dans le *Sommaire de la Cité vertueuse*, que ses œuvres « politiques » doivent être lues ensemble : sur certains sujets, explique-t-il, il n'a pas pu tout dire et renvoie ses lecteurs aux « Addenda » de la *Cité vertueuse*, à savoir au *Régime politique* pour certains sujets, et aux *Aphorismes politiques* pour certains autres. En d'autres termes, ses œuvres « politiques » sont plus ou moins ésotériques dans leurs rapports mutuels. Mais elles ne sont pas plus ou moins *exotériques* dans leurs rapports mutuels, car s'il y a une progression d'une œuvre à l'autre dans le sens d'une plus grande clarté, il s'agit toujours d'un mouvement vers l'intérieur, ce que signifie le comparatif ἐσώτερω d'où provient l'adjectif « ésotérique ».

Cela est vrai y compris de la *Cité vertueuse* ou du *Livre de la religion*, supposément les deux œuvres les plus exotériques qu'il ait écrites. Dans les deux, Farabi aborde de manière extrêmement critique la question des faux prophètes législateurs, qu'il appelle ailleurs les fondateurs de religions trompeuses et corrompues. Considérons la *Cité vertueuse*. Il y a tout ce qu'il faut dans la première partie (p. 70-72, § 6-7 Walzer) de ce traité pour comprendre que le Premier Principe de Farabi, qui n'est pas appelé Allāh avant le quinzième chapitre, ne connaît que lui-même. Puis, dans la seconde partie, Farabi parle de la vraie prophétie qu'Allāh inspire à ses élus (p. 244, § 10), et de la fausse prophétie que certains aventuriers prétendent avoir reçue (p. 258, 4-9). Bien entendu, si Dieu ne peut rien révéler de ce qu'il ignore, de sorte qu'il n'y a pas de prophétie au sens islamique ou monothéiste, tous les prophètes, et non seulement les faux, sont des aventuriers ou des imposteurs. Laisser entendre cela ne confirme guère le statut exotérique de cette œuvre. Dans le même sens, on lit dans la *Cité vertueuse* (250, 3-4) que la faculté prophétique, c'est-à-dire la connaissance inspirée des futurs contingents, dont Farabi a d'abord dit qu'elle était nécessaire au prince, ne lui est finalement pas indispensable. Que la prophétie n'est pas indispensable suit l'affirmation contraire de seulement six pages dans l'édition de Walzer. De plus, pas plus dans la *Cité vertueuse* qu'ailleurs Farabi n'identifie la cité ou la religion philosophique avec une quelconque cité ou religion historique. Il laisse entendre qu'il parle de l'islam (ou de l'Islam), certainement, mais pour autant n'identifie nulle part ce qui devrait être avec ce qui existe. « Ce qui existe » (*al-mawǧūd*), note Farabi en se référant à son époque, est un mélange de diverses sortes de constitutions ou régimes corrompus ou simplement étrangers à toute philosophie (*ǧāhiliyya*), lit-on dans les *Aphorismes politiques* (§ 90, p. 92, 16-17). Si donc il est vrai, comme on le lit dans le *Sommaire de la Cité vertueuse*, que les régimes politiques ne sont que des conséquences historiques de religions fausses (86, 6-17), il s'ensuit que toutes les religions existant à son époque étaient aux yeux de Farabi des religions fausses. Sachant cela, peut-on dire que la *Cité vertueuse* est exotérique en ce sens qu'elle affirmerait le contraire sans laisser entendre rien d'autre ?

Il ressort de cela, je crois, qu'en réalité il n'y a pas, d'un côté, des œuvres seulement exotériques et, de l'autre, des œuvres seulement ésotériques. Tous les traités de Farabi où il est question de politique sont plus ou moins ésotériques, en fonction des sujets abordés, ce qui suffit à montrer qu'il faut les lire tous ensemble et leur attribuer à tous le même statut philosophique, au moins dans un premier temps. On pourrait même aller plus loin et soutenir qu'un énoncé qu'un straussien peut qualifier d'exotérique, par exemple le fameux passage de la *Cité vertueuse* où Farabi semble donner une explication philosophique de la prophétie (p. 244, Walzer), est ésotérique en réalité, en ce qu'il ne dit pas du tout ce qu'il a l'air de dire. Le même énoncé est donc à la fois exotérique pour ceux qu'il égare, et ésotérique pour ceux qui ne le prennent pas au pied de la lettre.

De plus, les disciples de Strauss confondent plus ou moins complètement ce qui est vrai des religions historiques avec ce qui l'est de la religion vertueuse, qui n'existe pas encore. Ils font du religieux en tant que tel une espèce du faux, quand Farabi défend partout l'idée qu'une religion vraisemblable et même exacte à son niveau, en tant qu'image de la philosophie, se conçoit bien. À ma connaissance, les straussiens n'ont aucun argument qui justifie cette condamnation implicite du religieux en tant que tel. Parmi la foule d'exemples que je pourrais prendre parmi les textes de Farabi qui révèlent en lui un penseur religieux, la fin d'un traité que personne ne lit est particulièrement claire : l'étrange patchwork de textes qui ensemble constituent sa réfutation de Galien, ensemble qui se termine par l'annonce, suivie malheureusement par la fin abrupte du seul manuscrit connu, d'un développement sur les différents sens dans lesquels on parle de conjonction avec l'Éternel subsistant (*ittiṣāl bi-l-dāʾim*) entendu *stricto sensu*, c'est-à-dire l'éternel extratemporel (*allaḏī lā yašmulu-hu zamān*). Dans ce texte, Farabi emploie l'expression « prière du contemplatif », *ṣalāt al-murāʾī*, et à ce sujet se réfère explicitement à deux passages fameux d'Aristote (*Met.*, Λ, 1072b ; *Eth. Nic.* X, 1177b). Je note en outre qu'en 1177b21, Aristote parle d'un accroissement d'*energeia* (αὕτη δὲ συναύξει τὴν ἐνέργειαν), une idée qui se trouve aussi dans le *De anima* (417b2-9) et que Farabi connaissait et a correctement, je crois, interprétée dans le sens de la séparation finale de l'âme intellective d'avec son substrat biologique, quand l'âme atteint son entéléchie ultime[1].

Dans ce même passage du *Contre Galien*, Dieu est appelé « donateur de l'éternelle subsistance », *mu'ṭī al-dawām*. Farabi précise en outre que la contemplation est appelée « prière » (*ṣalāt*) selon un certain mode d'homonymie (*bi-naḥwin min al-ištirāk*), à raison de sa ressemblance (cf. *yuḥākī, i. e.* non accidentelle) avec la prière du dévot non-philosophe (*al-muta'abbid*[2]). Ce que ce vocabulaire signifie, c'est le rapport d'analogie entre la philosophie contemplative et la religion qu'il s'agit de fonder. Le mot « analogie » (*munāsaba*) est employé. Sachant que son ontologie et la logique sous-jacente reposent sur ce principe d'analogie, je ne crois pas qu'un tel texte soit susceptible d'être interprété d'une manière straussienne, pour la raison qu'il n'a aucune intention politique et ne s'adresse qu'à des lecteurs que Galien aurait égarés par ses considérations platoniciennes ou « timéennes » sur la triplicité des organes recteurs (cerveau, cœur, foie). Il ne peut y avoir qu'un organe recteur selon Aristote et Farabi : l'ordre qui permet de parler d'un organisme « un » est la conséquence de l'unicité de cet organe. La cohérence de la philosophie de Farabi dépend de la validité de cette thèse, comme je l'explique ailleurs[3], et donc de la valeur qu'il y accordait.

Plus ennuyeuse encore pour une lecture straussienne de Farabi est la question du sens à donner à l'adjectif « exotérique » et à ses équivalents, pour la raison suivante. On lit dans la paraphrase des *Seconds analytiques* d'Aristote qu'il n'y a pas, d'une manière générale, d'inspiration surnaturelle, *ilhām*[4]. Farabi ajoute à ce propos une citation d'une traduction

---

1. Abū Naṣr al-Fārābī, *Épître sur l'intellect*, trad., introd. et notes par Ph. Vallat, Paris, Les Belles Lettres, 2012, p. 51 ; Al-Farabi, *Régime politique, op. cit.*, p. 114, n. 380. Je n'ignore pas que telle n'est pas l'interprétation d'Aristote qui a la faveur de ses commentateurs modernes.

2. *Contre Galien*, dans Abdurraḥmān Badawī (éd.), *Traités philosophiques par Al-Kindī, Al-Fārābī, Ibn Bājja, Ibn 'Adyy*, Beyrouth, Dar al-Andaloss, 1983[3], p. 107. Cf. *Al*-Farabi, *Régime politique, op. cit.*, p. 53-56 (arabe 46-47).

3. Voir Ph. Vallat, « Farabi, Contre Galien », dans A. Pietrobelli et R. Lo Presti (éd.), *Contre Galien*, Paris, Honoré Champion, à paraître en 2019.

4. *Livre de la démonstration* (commentaire « libre » sur les *Seconds analytiques*), M. T. Daneshpazuh (éd.), *Al-manṭiqiyyāt li-l-Fārābī*, t. 1, Qom, 1987, 332. 7-16 : « Nous disons, premièrement, qu'il n'y a rien que d'évident dans le fait qu'il n'y a pas d'inspiration surnaturelle ou d'intuition supra-rationnelle (*khaliqun anna lā yakūnu al-ilhām wa l-ikhṭār bi-l-bāl*), dès lors que (*wa-an*) la connaissance a lieu dans l'entendement humain par ajout à (*zā'idatan 'alā*) une connaissance qui a déjà eu lieu, <processus> qu'on nomme

arabe de l'*Apologie de Socrate* (20d-e), je cite : « Ô gens ‹d'Athènes›, je
ne dis pas que la sagesse divine qui est la vôtre est une chose vaine, mais
je dis que je ne suis pas expert en cette matière et que je ne suis sage que
d'une sagesse humaine ». La question que pose cette allusion à Socrate
et à sa condamnation à mort, au prétexte bientôt abandonné d'impiété,
est la suivante : ce texte est-il ésotérique ou exotérique ? De même, on
lit dans la seconde partie du *Livre des particules* que, vraie ou fausse,
la religion est dans tous les cas une chose établie humainement[1]. Cette
déclaration est-elle ésotérique ou exotérique ? L'opposition binaire entre
ésotérique et exotérique peut-elle adéquatement caractériser la portée de
ces deux textes ? Je crois qu'elle ne le peut pas. Peut-on en effet dire
de ces deux textes qu'ils sont ésotériques par leur contenu doctrinal,
c'est-à-dire philosophiques au sens propre, et exotériques ou explicites
par leur forme ? L'explicite est-il ésotérique ou exotérique ? La même
question se pose à propos d'un passage de son grand commentaire sur
le *De interpretatione* où l'on lit que la philosophie et la logique n'ont
que faire des « prémisses posées par la Chariah », c'est-à-dire le Coran
et la Sunna[2]. On peut en outre se demander pourquoi Farabi a jugé bon
d'écrire un *Sommaire* ou une postface à la *Cité vertueuse* pour suggérer,
en résumé, que son livre est en fait un outil de critique des fondements

---

"<connaissance> par inculcation"; cela dit eu égard à (*wa dhālika bi-manzilati mā*) ce que
d'aucuns croient (*yaʿtaqidu qawm*), que cela <se produit> par une sorte d'opération divine
(*bi-fiʿlin mā ilāhī*) ». Farabi fait allusion au débat entre Abū Bakr al-Rāzī (ob. 925) et Abū
Ḥātim al-Rāzī (ob. 934), rapporté par le second dans ses *Signes établissant la prophétie*;
voir *The Proofs of Prophecy*, ed. and transl. T. Khalidi, Provo, Brigham Young University
Press, 2011, Section 7, chap. 1-4.

1. *Livre des particules*, § 150, éd. inédite de M. Mahdi (même numérotation dans son
édition publiée, *Alfarabi's Book of Letters*, Beyrouth, Dar al-Machreq, 1990) : « Puisque
la voie à suivre dans les syllogismes démonstratifs n'a pas été connue avant ces <types
dialectique et sophistique d'argumentation>, il suit que les facultés humaines de raisonnement
dialectique et sophistique, aussi bien que la philosophie aux prémisses endoxiques et la
philosophie aux prémisses spécieuses, ont précédé dans le temps la philosophie apodictique,
à savoir la philosophie démonstrative. Quant à la religion, puisqu'elle est établie de
manière humaine (*idhā ǧuʿilat insāniyyatan*), elle est postérieure, chronologiquement, à la
philosophie prise comme un tout, parce que, par le moyen de la religion, ce qu'on cherche,
c'est enseigner au grand nombre les choses théorétiques et pratiques qui ont <déjà> été
découvertes en philosophie, et ce en usant de méthodes qui communiquent de ces choses une
compréhension globale, que ce soit par persuasion, suggestion imaginale, ou les deux ». Par
« la philosophie prise comme un tout (*bi-l-ǧumla*) », Farabi veut dire : soit la philosophie
apodictique, auquel cas la religion sera « vertueuse »; soit la philosophie dialectique, ou
sophistique, auquel la religion sera plus ou moins fausse.

2. *Commentary on Aristotle's ΠΕΡΙ ΕΡΜΗΝΕΙΑΣ*, W. Kutsch, S. Marrow (eds),
Beyrouth, Librairie catholique, 1960, p. 83, 16-23.

des religions de son époque si, comme le pensent les disciples arabisants de Strauss, ce livre est exotérique, c'est-à-dire conçu pour caresser ses lecteurs de l'époque dans le sens du poil. On verra plus bas que la *Cité vertueuse* est en fait le plus ésotérique des traités de Farabi – ce qui va au rebours des analyses inspirées de Strauss. Je ne dis pas, notez-le, que cela va au rebours des analyses de Strauss lui-même, puisque celui-ci a pu écrire du *Mishneh Torah* de Maïmonide qu'il était plus ésotérique que le *Guide des égarés*, ce qui, à première vue, semble un paradoxe, mais n'en est probablement pas un, comme l'a remarqué Rémi Brague[1].

Cela étant dit, ce qui me gêne le plus chez les disciples de Strauss est le peu de cas qu'ils font de l'histoire la mieux connue de la philosophie grecque, et la façon qu'ils ont de projeter sur Farabi un agnosticisme ou un athéisme qu'il faut, pour être juste, leur restituer. La façon dont ils comprennent la vocation politique de la philosophie leur cache à peu près tout ce qui explique cette vocation pour Farabi. Voici comment je crois pouvoir résumer sa vision du monde[2]. Le monde de Farabi est ordonné *en acte* à sa fin. S'il n'était pas tel, il existerait en vain et s'effondrerait sur lui-même, comme le veut son interprétation de la téléologie d'Aristote, qu'il tient en grande partie d'Alexandre d'Aphrodise, mais qu'il réinterprète radicalement. Cette dynamique téléologique passe pour Farabi par la perfection humaine. L'espèce humaine est la forme des formes naturelles, c'est-à-dire leur sommet à toutes. L'actualisation de la perfection humaine est la condition de la subsistance parfaite des formes ou espèces naturelles. Cette perfection de l'homme est synonyme de sa séparation noétique d'avec la matière de son corps. Que l'individu soit encore vivant ou non, son intellect, une fois séparé, exerce une causalité finale sur les âmes qui ne sont pas encore séparées. Ce qui est vrai de l'individu est vrai aussi de la cité dont la religion est à la ressemblance de la philosophie. La philosophie, dans ses deux dimensions théorétiques et pratiques, est par sa mise en œuvre théologico-politique le moyen de la réalisation de la perfection humaine du plus grand nombre possible d'individus de saine constitution. Cette perfection est à son tour la condition de la perfection actuelle du monde sublunaire. Fonder une cité vertueuse, c'est donner au moins aux philosophes et peut-être aussi à

---

1. R. Brague, « Léo Strauss et Maïmonide », *in* S. Pines and Y. Yovel (eds.), *Maimonides and Philosophy*, Dordrecht, Martinus Nijhof, 1986, p. 255.
2. Pour la référence des passages que je résume ici, on se reportera à Ph. Vallat, « L'ésotérisme de Farabi expliqué par lui-même : nature et fonctions », dans J.-B. Brenet et O. Lizzini (éd.), *La philosophe arabe à l'étude. Sens, limites et défis d'une discipline moderne*, Paris, Vrin, 2019.

leurs concitoyens la possibilité de relayer et, pour ainsi dire, d'amplifier la dynamique téléologique qui soutient le monde dans l'être. Autrement dit, il faut que la perfection humaine soit réalisée actuellement en un individu, au moins pour que la finalité du monde sublunaire soit atteinte en acte. Si ce n'était pas le cas – à savoir si aucun être humain ne pouvait actualiser la fin dernière pour laquelle il existe – le monde entier (*al-ʿālam*) existerait en vain. La question appropriée pour juger de la pertinence d'une lecture straussienne de Farabi est par conséquent de savoir si, pour ce dernier, le monde existe en vain. Si oui, non seulement sa métaphysique, mais aussi sa physique, qui remplissait un certain nombre de traités perdus, étaient sans fondements rationnels à ses propres yeux. Cette physique ne nous est connue qu'en partie, grâce au *Régime politique* et à ses réfutations de Galien et de Philopon. Sa réfutation de Galien confirme ce qu'on lit dans le *Régime politique*. Le but de l'existence humaine, y lit-on, est la conjonction avec l'éternel. D'où il suit une physiologie, une physique et une métaphysique que l'anatomie galénique mettait en péril, et qu'il fallait donc réfuter. En résumé, la même physique et la même métaphysique se trouvent dans les deux traités, dans l'un comme fondement du politico-religieux (*Régime politique*), dans l'autre comme défense d'une physiologie particulière du corps humain (*Contre Galien*). Cela donne une idée du degré d'intégration des différentes sciences dans sa conception de la philosophie. Ce souci de systématicité est-il exotérique ou ésotérique ? La question peut sembler oiseuse. Il est plus judicieux de se demander ce qu'il reste de sa pensée si on en retranche ce souci de systématicité.

Je n'ai parlé jusqu'ici que des opinions mal fondées ou infondées des disciples de Strauss. Je les crois toujours aisément repérables. Il n'en va pas de même dans leurs traductions de Farabi. La façon dont ces opinions influencent leur traduction est invisible au non-arabisant. J'en prends trois exemples. Selon les arabisants disciples de Strauss, la doctrine téléologique que je viens de résumer, qu'ils ne comprennent pas, serait du prêchi-prêcha néoplatonicien et exotérique, bien fait pour endormir les contemporains de Farabi. Leur Farabi n'a pas pu croire à de telles billevesées. Pour eux, il n'y a pas de fin surnaturelle ou métaphysique à l'existence de l'homme, qui ne peut aspirer au mieux qu'à une vie décente prolongée. La fiction de l'accord entre philosophie et religion, qui ne se comprend bien, dans leur pensée, que dans le contexte de la religion civique américaine, aurait pour fonction, chez Farabi tel qu'ils le lisent, d'assurer au philosophe athée une vie décente et confortable. Ce qu'on a là, c'est, je crois, une interprétation possible de Strauss, mais non de Farabi. Elle a conduit Muhsin Mahdi, par exemple, à traduire un passage important de la *Philosophie d'Aristote* comme si Farabi y affirmait qu'il n'y a pas de connaissance métaphysique[1]. Cette même interprétation a aussi conduit Charles Butterworth, plus récemment, à traduire quelques passages du *Régime politique* relatifs à l'hylémorphisme comme si Farabi y affirmait, d'une part, que toute forme est matérielle et, d'autre part, que la séparation de l'âme intellective d'avec son substrat corporel signifie que, dans la cité vertueuse, les âmes se dématérialisent. Ce que suggère Butterworth sans nulle part le dire clairement, c'est que Farabi aurait soutenu cette thèse incongrue pour suggérer à ses lecteurs intelligents qu'il n'y a pas, en réalité, de survie de l'âme. L'ennui, là encore, c'est que l'arabe ne dit pas du tout ce que Butterworth a compris[2]. Le plus curieux est qu'il ait pu, sur cette base, affirmer que le *Régime politique* s'accorde avec les opinions religieuses de ses contemporains. On peut en effet se demander qui, parmi ses contemporains, croyaient que les âmes sauvées se dématérialisent.

L'interprétation que je défends reste quant à elle tout à fait possible malgré l'impossibilité, selon Farabi, de l'accord entre philosophie et religions historiques et malgré l'affirmation que la religion est tout entière une création humaine, bonne ou mauvaise. La doctrine que je viens de résumer ne requiert en effet ni la prophétie, ni la conception correspondante de Dieu et de la providence. Qui plus est, cette interprétation est la seule qui explique les trois choses suivantes, parmi d'autres.

Elle explique tout d'abord pourquoi Farabi, au contraire de ses lecteurs straussiens, ne confond pas les religions historiques et la religion vertueuse, celle dont il dit qu'elle doit être à la ressemblance de la philosophie, à savoir l'analogue, au degré de l'opinion droite, de la philosophie apodictique ou démonstrative. Il s'agit d'un principe aristotélicien : seul celui qui connaît le vrai sait dire ce qui est semblable au vrai[3].

---

1. *Al-Farabi's Philosophy of Aristotle*, M. Mahdi (ed.), Beyrouth, Dar Majallat Shi'r, 1961, p. 133, n. 1 ; trad. angl. M. Mahdi, dans *Alfarabi's philosophy of Plato and Aristotle*, New York, The Free Press of Glencoe, 1962, p. 59-130, en part. p. 130.

2. Pour les références, voir Ph. Vallat, « L'ésotérisme de Farabi expliqué par lui-même : nature et fonctions », dans J.-B. Brenet et O. Lizzini (éd.), *La philosophie arabe à l'étude*, *op. cit.*, et ma recension de *Alfarabi, The Political Writings*, vol. II, « *Political Regime* » *and* « *Summary of Plato's Laws* », transl., annot., and intro. by Ch. E. Butterworth, Ithaca-London, Cornell University Press, 2015, parue dans le *Journal of the History of Philosophy*, t. 55/2, 2017, p. 344-345.

3. Voir Al-Farabi, *Régime politique*, *op. cit.*, p. 10, n. 26.

Cette interprétation explique en outre que Farabi ait consacré de longs passages de ses écrits à formuler la théorie, passablement technique, de cette religion vertueuse[1].

Cette interprétation explique aussi que Farabi, dans un passage du *Sommaire des Lois de Platon*, ait suggéré comment il est possible au philosophe de s'emparer d'une cité-état en retournant contre l'islam deux doctrines islamiques : celle selon laquelle chaque siècle doit être marqué par l'apparition d'un réformateur inspiré ou d'un défenseur (*nāṣir*) de la religion de la cité; celle selon laquelle les chrétiens et les juifs ont adultéré (*taḥrīf*) et/ou remplacé (*tabdīl*, *ibdāl*) la révélation qu'ils ont initialement reçue par leurs propres innovations[2]. À l'occasion de l'apparition d'un tel *nāṣir*, c'est-à-dire d'un philosophe accompli, il s'agit, suggère Farabi, de substituer la vraie religion, créée à l'image de la philosophie, à la religion existante. Un Farabi straussien n'aurait ni conçu un tel projet (car toute religion est par définition mensongère), ni envisagé de prendre de tels risques.

ART D'ÉCRIRE

Passons à présent à cet autre texte du *Régime politique* où Farabi explique à demi-mot en quoi consiste l'ésotérisme de la *Cité vertueuse*. Ce texte est constitué de deux passages distincts[3], qui se complètent et qu'il faut réunir pour les comprendre. Il y est question des moyens symboliques à employer pour traduire en termes religieux les vérités philosophiques qu'il convient à chacun de s'assimiler :

> Les choses au moyen desquelles ces ‹principes des étants, la félicité et la hiérarchie propre au régime vertueux› seront imitées sous une forme religieuse se hiérarchisent ainsi : certaines sont d'une autorité plus contraignante et d'une efficace suggestive plus complète, d'autres sont d'une efficace suggestive moins complète; certaines sont plus proches de la réalité, d'autres en sont plus éloignées; certaines donnent lieu à contestation faiblement ou de manière voilée, ou sont de celles qu'il est difficile de contester; et d'autres donnent lieu à contestation dans une large mesure ou de manière évidente, ou sont de celles qu'il est aisé

1. Je fais allusion à sa sémantique et sémiotique. Voir *Farabi et l'École d'Alexandrie*, 3ᵉ partie, « L'*Organon* de la mimétique ». Quant à l'ontologie sous-jacente, voir dans le même volume, l'appendice : « L'Analogie de l'être ».

2. *Cf.* Th.-A. Druart, « Le Sommaire du Livre des *Lois*… », *op. cit.*, n. 3, p. 146-147.

3. Arabe : 86, 11-87, 4; trad. : p. 183-185; arabe : 104, 17-105, 21; trad. : p. 224-226. Il faut comparer ces deux passages avec *Cité vertueuse*, p. 280, § 3 Walzer.

de contester et de dire contrefaites. Aussi bien, rien n'empêche que les choses au moyen desquelles on leur [*i. e.* aux non-philosophes] fera se représenter ces ‹éléments de doctrine› soient /15des choses différentes et soient, en dépit de leur différence, en rapport d'analogie les unes avec les autres, à savoir que telles choses imiteront ces réalités, d'autres choses imiteront ces imitations et d'autres choses encore imiteront les imitations des imitations; à moins, ‹cependant›, que ces choses différentes qui imitent ces choses sous une forme religieuse – je veux dire les principes des étants, la félicité et la hiérarchie propre au régime vertueux – soient ‹toutes› *ex aequo* pour ce qui est de les imiter. Si donc [87] elles sont toutes *ex aequo* pour ce qui est de bien imiter ces ‹éléments de doctrine›, ou qu'elles donnent lieu à contestation faiblement ou de manières voilées, on les utilise toutes, quelles qu'elles soient. Et si elles admettent entre elles une hiérarchie, on choisit celles dont l'efficace mimétique est la plus parfaite et celles qui, soit ne donnent aucunement lieu à contestation, soit ‹y donnent lieu› de manière infime ou voilée ; ensuite, ‹on choisit› celles d'entre elles qui sont le plus proches de la réalité ‹imitée› et l'on fait fi de toute autre imitation.

Autre type d'herbes folles [*i. e.*, d'hérétiques de la cité vertueuse] : ceux qui d'ores et déjà se sont représenté mentalement les choses que nous avons mentionnées, mais demeurent non convaincus par ce qu'ils s'en sont représenté, de sorte qu'ils entreprennent dans des traités de montrer que, tant de leur point de vue que de l'avis d'autrui, les choses en question sont contrefaites. En agissant de la sorte [105], non seulement ceux-là ne se font pas les contradicteurs du régime vertueux, mais se montrent même les expectants du Vrai et ceux qui le cherchent. Ceux qui sont tels, leur échelon dans la représentation mentale ‹des éléments de doctrine› sera exhaussé jusqu'à des choses que ne pourront convaincre de contrefaçon les discours qu'ils employaient auparavant. Ainsi, s'ils ont été convaincus par les choses à l'échelon desquelles ils ont été exhaussés, on les y laisse ; et s'ils n'ont pas non plus été convaincus par ces choses et ont avisé les "lieux" par où il est possible de les contester, alors ils seront exhaussés jusqu'à un autre échelon ‹de représentation›. Et ainsi de suite jusqu'à ce qu'à l'un de ces échelons ils finissent par être convaincus. Par suite, si jamais il leur arrive de n'être convaincus à aucun de ces échelons de représentation mentale, alors ils seront exhaussés jusqu'au rang du Vrai et on leur donnera de comprendre les choses en question telles qu'elles sont en elles-mêmes. Et c'est là-haut, /5dès lors, que siègera leur pensée.

Mes commentaires seront brefs. Le premier des deux passages explique quels types d'images doivent être utilisés dans la religion de la cité vertueuse. Par « images », il faut comprendre la transposition dialectique, rhétorique ou poétique de vérités philosophiques. Ces « images » sont donc des sortes de raisonnements constituant une doctrine religieuse complète, créée à la semblance de la philosophie vraie. Farabi se réfère ici à deux types d'images ou de raisonnements, construits à l'aide de deux classes d'homonymes. Les homonymes qui représentent inégalement à l'imagination une même vérité sont des paronymes tirés du nom donné à cette vérité. Les homonymes qui représentent une vérité *ex aequo* sont homonymes à proprement parler, c'est-à-dire portent le même nom que la vérité à laquelle ils renvoient en dernière instance. La terminologie de cette division des homonymes vient d'Alexandre d'Aphrodise et de Simplicius. Seul un lecteur familier de leurs commentaires d'Aristote peut le savoir. Ce qui intéresse Farabi, c'est l'effet que l'emploi de ces raisonnements a sur l'imagination de ceux qui y ajoutent foi. Je n'entre pas dans les détails et renvoie là-dessus à la troisième partie de *Farabi et l'École d'Alexandrie*.

Reste la question des *mawāḍī' al-'inād*, expression arabe qui apparaît dans les deux passages, et que j'ai faute de mieux traduite en français par une périphrase : ces images donnent lieu à contestation. Les raisonnements utilisés dans la cité vertueuse, à savoir dans le langage religieux utilisé par son fondateur, donnent plus ou moins lieu à contestation. Autrement dit, on peut, suivant le but qu'on se propose et en fonction des points de doctrine que l'on expose, utiliser des raisonnements plus ou moins visiblement contradictoires, au sens de « suscitant la contradiction ». Farabi dit bien, dans le premier des deux passages, que la contradiction peut être entièrement invisible. Si elle ne l'est pas, c'est donc de propos délibéré. Je note sans m'y arrêter que la question des homonymes et celle de ces raisonnements suscitant la contradiction ne se recoupent que partiellement.

Ces *mawāḍi' al-'inād* sont sans surprise une allusion aux *Topiques* d'Aristote. *Mawāḍi'* est la traduction de *topoi*. Par « topos », il faut comprendre le type d'argumentation à employer, selon le sujet abordé, pour tirer de votre interlocuteur les prémisses dont vous ne disposez pas encore pour établir votre thèse, qui a été posée d'emblée. Ces *mawāḍi' al-'inād* sont passées en revue dans le *Livre de l'analyse*, qui réunit en un même commentaire paraphrastique des thèmes abordés par Aristote respectivement dans les *Premiers analytiques* et les *Topiques*. Farabi écrit à propos de ces *mawāḍi'* qu'ils concernent les opinions, mœurs et modes de vie qui ont la faveur des *ahl al-milal*, à savoir des adhérents des religions de son époque. Le passage se termine par une allusion à Protagoras. En clair, ces *mawāḍi'* sont à employer soit pour aider les adhérents des religions à se débarrasser de leurs idées fausses en matière d'éthique, soit pour les confirmer dans leurs idées fausses, pour leur nuire.

Quoi qu'il en soit des sources, la situation décrite par Farabi dans le *Régime politique* est, comme dans les *Topiques* d'Aristote, dialogique : les images utilisées dans la cité vertueuse ont aussi pour fonction d'entrer en dialogue avec quelqu'un. De ce quelqu'un, une réponse est donc attendue. C'est ce que confirme le second texte. Dans la cité vertueuse, il y a, nous dit Farabi, différentes classes d'herbes folles – *nawābit* en arabe. Ces herbes folles sont en l'occurrence des individus rebelles ou récalcitrants. Il s'agit d'une allusion croisée, d'une part à la *République* et aux athées des *Lois* de Platon (livre X) et, d'autre part, à un épisode de la vie religieuse de l'empire abbasside au IXᵉ siècle. Toutes ces herbes folles sont fondamentalement mauvaises sauf une classe, dont les éléments sont, semble-t-il, identiques aux athées que Platon jugeait aptes à être rééduqués (*i. e.* éduqués philosophiquement). Cette classe est constituée des individus qui, naturellement, sans éducation préalable, ont repéré les raisonnements contradictoires utilisés dans la religion de la cité vertueuse. Chez Platon, ces images sont appelées mythes, charmes, incantations, et concernent la thèse de la providence particulière : il faut à tout prix que dans la cité des Magnètes tous croient que les dieux se soucient du détail des affaires humaines. Il s'agit d'un noble mensonge, indispensable à l'éducation éthique des citoyens. Dans le scénario de Farabi, les individus rebelles se réunissent et dénoncent la fausseté de ces images dans des écrits ou discours (*aqāwīl*). Ce faisant, ils se signalent à l'attention de quelqu'un, qui, se servant de ce qu'ils ont écrit ou soutenu comme des prémisses dont il a besoin pour établir une thèse, va prendre ces individus sous son aile et leur fait gravir divers échelons de compréhension. S'ils sont qualifiés, cette personne leur révèle finalement la vérité philosophique. Cette personne est bien sûr le philosophe accompli, et ces divers échelons de compréhension sont une allusion, croisée là encore, d'une part, à la libération du prisonnier de la caverne de la *République* de Platon et à la rééducation des « bons » athées des *Lois* et, d'autre part, au cursus d'étude de l'*Organon* d'Aristote qui, pour Farabi, résume le cursus d'étude de la philosophie en général. Comme l'on sait, Farabi a assimilé les deux parties de l'*Organon*, c'est-à-dire la méthode (dialectique et démonstrative) et ce qui en prend les apparences (sophistique, rhétorique, poétique), avec, respectivement, la sortie du prisonnier hors de la caverne et son retour en son sein, alors qu'il est devenu philosophe au plein sens du terme[1].

---

1. Le texte auquel je fais allusion est traduit et commenté dans Ph. Vallat, *Farabi et l'École d'Alexandrie, op. cit.*, p. 189 *sq.*

Qu'est-ce que Farabi ne dit pas, mais veut nous faire comprendre ? Ce qu'il ne dit pas, bien sûr, c'est que ce scénario est en lui-même quelque peu contradictoire. Selon lui, la cité vertueuse n'existe pas encore et reste à fonder. Quelle est donc, sachant cela, la pertinence de ce scénario relatif à des individus rebelles vivant dans la cité vertueuse ? Ce scénario est pertinent si le lecteur a compris tout ce qui précède. Si vous l'avez compris, c'est que vous faites vous-mêmes partie, peut-être, des individus dont il parle. Il ne vous reste plus qu'un pas à franchir et ce pas est le suivant : Farabi ne parle pas des habitants d'une cité vertueuse inexistante, mais du livre intitulé la *Cité vertueuse*. Les individus rebelles dont il parle sont les lecteurs de la *Cité vertueuse* qui ont repéré les contradictions de l'exposé et les ont ensuite dénoncées dans des écrits ou discours publics. Sans le savoir, ils ont été déliés par leur lecture du traité et peuvent à présent, en rencontrant l'auteur du traité, en apprendre plus. Cela est très straussien, et peut-être très platonicien si l'on estime que Platon, dans le livre X des *Lois*, s'adressait plus particulièrement à ces lecteurs qu'ils croyaient capables d'être « rééduqués ». Quant au but du philosophe, il s'agit bien sûr de recruter le personnel qualifié dont le philosophe a besoin pour fonder la cité en question. Le livre intitulé la *Cité vertueuse* est donc un examen d'entrée à l'école du philosophe. Il s'agit d'un livre performatif, dont le but est de réunir les conditions pratiques du projet qu'il décrit : le recrutement du personnel politique de la cité à fonder. Quant au *Régime politique*, on peut y reconnaître par comparaison un de ces échelons supérieurs de compréhension auxquels les lecteurs qualifiés de la *Cité vertueuse* devaient être exhaussés.

Cela en dit long sur la façon dont Farabi comprenait la *République* de Platon. Farabi a pris très au sérieux la vocation politique assignée à la philosophie par Platon et la fonction que celui-ci assignait peut-être à ses écrits. Cela nous renseigne aussi sur ce qu'il ne faut surtout pas aller chercher dans la *Cité vertueuse* : ce livre n'est pas une théorie de la cité vertueuse, ou de sa religion, mais le moyen pratique de sa fondation, par le recrutement, parmi ses lecteurs, de philosophes en herbe. En d'autres termes, ce livre, paradoxalement, ne nous dit rien, ou à peu près rien, du contenu de la religion de cette cité. Plus précisément, il ne nous dit rien sur le contenu des raisonnements homonymiques censés représenter à l'imagination du grand nombre la connaissance philosophique. Cependant, le *Régime politique* confirme une chose : Farabi avait une théorie assez technique de la ressemblance et de l'imitation. Et c'est de cela dont je vais parler un peu plus tard, en répondant à l'objection à mon interprétation générale de sa pensée. Mais avant d'y répondre, je dois rapidement dire dans quel contexte j'analyserai cette objection.

LE THÉOLOGICO-POLITIQUE ET LA DESTINATION FINALE DES ÂMES

Il y a trois thèses possibles concernant la destination de l'âme humaine. À chacune des trois correspond une conception possible de l'articulation de la philosophie sur la théologie. On peut estimer que l'immortalité inconditionnelle est vraie. Dans ce cas, les âmes vertueuses sont récompensées par le paradis, et les âmes vicieuses sont punies par l'enfer. On peut, comme Avicenne, formuler cette thèse de différentes façons, mais l'accord entre philosophie et religion est déjà acquis en principe sur cette base. C'est par ailleurs la thèse que Farabi soutient apparemment dans la *Cité vertueuse*, encore qu'il y défende (chap. 16 Walzer) plus précisément quatre options, mettant en œuvre trois sorts pour les hommes après leur mort :

1) les âmes des habitants de la cité vertueuse sont vouées à la félicité (*sa'āda*).

2) les âmes des habitants des cités ignorantes de toute philosophie (*ǧāhiliyya*) sont condamnées à la dissolution (*inḥilāl*).

3) les âmes des habitants des cités « déréglées » ou « dépravées » (*fāsiqa*), dont à la fois les idées et l'éthique sont justes, sont vouées, pour n'avoir pas pratiqué leur religion, à l'agonie ou au supplice (*al-shaqā'*).

4) l'âme du chef religieux et politique des cités « dévoyées » et « trompeuses » (*ḍālla*) est vouée au supplice, et les âmes de leurs habitants à la dissolution.

Les différentes religions ou constitutions décrites dans la *Cité vertueuse* sont ainsi classées d'après trois possibilités de destination post-mortem : félicité, dissolution ou anéantissement, agonie. Cela étant, on peut aussi estimer que l'immortalité est seulement conditionnelle, de sorte qu'il n'y a que deux possibilités : anéantissement ou subsistance bienheureuse. Dans ce cas, seules les âmes qui sont parvenues à un certain degré de connaissance et de vertu parviennent à la félicité, synonyme d'immortalité. Les autres, qu'elles soient simplement imparfaites ou bien viciées, sont anéanties à la mort du corps. C'est la thèse qu'on lit dans le *Régime politique*. Farabi n'y fait que supprimer la thèse d'un supplice éternel, que ni sa physique ni sa noétique ne justifie. Il ressort de cela que l'enfer (ou « agonie ») est une métaphore qui peut, certes, avoir une utilité politique[1], mais qui, en elle-même, n'est qu'une approximation, comme une pierre d'attente. Si l'immortalité est conditionnelle, il s'ensuit en outre que la cité est le lieu où les hommes travaillent ensemble à leur

---

1. Sur ce thème, voir le livre à tous égards remarquable de D. P. Walker, *The Decline of Hell, Seventeenth-Century Discussions of Eternal Torment*, London, Routledge-Kegan Paul, 1964.

immortalisation. La classification des différents régimes énumérés dans le *Régime politique*, qui sont autant de religions, est fondée sur cette thèse de l'immortalité conditionnelle.

Enfin, on peut estimer qu'il n'y a pas du tout de survie des âmes, auquel cas pas plus la philosophie que la religion ne conduit à l'immortalité. La religion, si elle a une dimension politique, n'est plus alors pour le philosophe qu'un mensonge destiné à assurer le bon ordre de la cité, c'est-à-dire le moyen d'avoir la paix et le loisir de vaquer à ses occupations scientifiques ou contemplatives toute sa vie durant. C'est, comme l'on sait, la conclusion qui se dégage de la noétique d'Averroès. Il n'y a pas de survie individuelle, mais seulement des espèces. Mais c'est aussi la thèse qu'Averroès et Ibn Ṭufayl auraient lue dans le commentaire perdu de Farabi sur l'*Éthique à Nicomaque*. Un texte attribué à Ibn Bāǧǧa défend Farabi contre cette accusation[1]. D'après cette défense, Farabi attribuait à d'autres philosophes une certaine thèse sur l'âme, une doctrine de la métempsychose, semble-t-il, qu'il jugeait équivalente à la négation de toute survie et s'employait en conséquence à réfuter. Cette information est confirmée par l'*Épître de l'adieu* d'Ibn Bāǧǧa, dont l'authenticité ne fait pas de doute[2]. Si Averroès n'a pas voulu distraire l'attention de ses contemporains en attribuant à Farabi une thèse que lui-même soutenait ou soutiendrait un jour, à savoir la mort des âmes individuelles et l'éternité des seules espèces, et si Ibn Ṭufayl n'a pas voulu seulement se mettre en valeur en pointant les contradictions supposées de Farabi, alors Ch. Butterworth a raison, et selon Farabi la seule chose à laquelle le philosophe puisse aspirer est de vivre décemment aussi longtemps que possible. Dans ce cas, l'accord de la philosophie et de la religion, même philosophique, n'est rien d'autre qu'une fiction politique, ce qu'elle est à coup sûr pour Averroès[3].

À propos de cette troisième thèse et de son attribution à Farabi, je ne ferai que trois remarques. Tout d'abord, elle est en contradiction avec l'ontologie, l'énergologie et la noétique de Farabi telles que nous

1. Pour toute cette question, voir Ph. Vallat, *Farabi et l'École d'Alexandrie*, op. cit., p. 102-123.

2. Voir Ibn Bāǧǧa (Avempace), *La conduite de l'isolé et deux autres épîtres*, intro., éd., trad. fr. et comment. par Ch. Génequand, Paris, Vrin, 2010, p. 91 (§ 8). Je reviendrai sur les analyses de Génequand en une autre occasion.

3. Là-dessus, voir R. Taylor, « God and the Noble Lie », *in* R. E. Houser (ed.), *Laudemus viros gloriosos*, Notre Dame, University of Notre Dame Press, 2007, p. 38-59 ; « Averroes on Providence », *in* P. D'Hoine and G. Van Riel G. (eds.), *Fate, Providence, and Moral Responsibility in Ancient, Medieval and Early Modern Thought, Studies in Honour of Carlos Steel*, Leuven, Leuven University Press, 2014, p. 455-472.

la connaissons. Plus précisément, elle contredit l'accord général, sur les questions de noétique, qu'on observe entre l'*Épître sur l'intellect*, écrite assez tôt par Farabi, et le *Régime politique*, qui est probablement sa dernière œuvre avec les *Aphorismes politiques*. Cette accusation contredit en outre sa théorie de la religion vertueuse et ne s'accorde pas avec les risques qu'il était, semble-t-il, prêt à prendre pour la mettre en pratique, d'après ce qui ressort de sa paraphrase des *Lois* de Platon. Ensuite, elle semble contredire le seul fragment connu de ce commentaire en dehors des micro-fragments préservés dans le texte attribué à Ibn Bajjah. Ce fragment, préservé par Maïmonide, semble se référer au livre X de l'*Éthique à Nicomaque*, et pourrait faire écho, peut-être pour la réfuter, à l'accusation qu'on vient de résumer. Ce fragment est le suivant, je cite : « Abū Naṣr al-Fārābī, dans l'exorde de son commentaire sur le livre *Nicomachie* d'Aristote, a dit : "Et ceux qui ont la capacité de transporter leur âme de vertu en vertu, ceux-là sont ceux dont Platon a dit : 'La providence de Dieu à leur égard est on ne peut plus grande'" »[1]. Étant donné l'influence de Farabi sur la méthode ésotérique employée par Maïmonide, on ne peut malheureusement rien conclure de définitif de ce texte. L'intention de Maïmonide était peut-être de faire témoigner à la fois Platon et Farabi, directement, et Aristote indirectement, en faveur de la thèse de la providence particulière, à savoir une providence divine s'étendant jusques et y compris aux individus de l'espèce humaine, et en particulier aux meilleurs d'entre eux, les philosophes[2]. Dans ce cas, la citation de Farabi chez Maïmonide ferait écho à une remarque fameuse d'Aristote dans le livre X de l'*Éthique à Nicomaque*, fameuse notamment parce qu'il s'agit d'un syllogisme hypothétique non conclusif.

En effet, si l'on se préoccupe un peu des affaires humaines du côté des dieux, comme le veut l'opinion, on peut aussi raisonnablement penser que ces derniers mettent leur joie dans ce qu'il y a de meilleur et leur est le

---

1. Maïmonide, *Dalālat al-ḥā'irīn*, H. Atay (ed.), Ankara, *Université d'Ankara*, 1974, p. 534, 9-11. La phrase attribuée à Platon rappelle beaucoup Aristote, *Eth. Nic.* X, 1179a23-24 : ὁ δὲ κατὰ νοῦν ἐνεργῶν καὶ τοῦτον θεραπεύων καὶ διακείμενος ἄριστα καὶ θεοφιλέστατος ἔοικεν, « Toutefois, celui qui a une activité intellectuelle et cultive son intelligence tout en étant parfaitement disposé semble bien être aussi le plus cher aux dieux », trad. fr. R. Bodéüs, Paris, Flammarion, 2004. Ce texte est cité par Maïmonide dans le *Guide*.
2. Une thèse relative à la providence à laquelle Maïmonide lui-même ne croyait peut-être pas ; voir Dan-Alexandru Ilieş, *Sur le chemin du palais, Réflexions autour de deux chapitres du* Guide des égarés *de Maïmonide*, préface de R. Brague, Paris, Le Cerf, 2016 ; H. Kreisel, « Maimonides on the Eternity of the World », *in* R. Jospe and D. Schwartz, *Jewish Philosophy : Perspectives*, Boston, Academic Studies Press, 2012, p. 157-184.

plus apparenté – c'est-à-dire l'intelligence – et qu'en retour, ils comblent de bienfaits ceux qui s'attachent surtout à l'intelligence et l'honorent plus que tout, car ceux-ci, au regard des dieux, se préoccupent de ce qui leur est cher à eux et agissent ainsi de façon correcte et belle. Or cette attitude, en tous points, est celle du sage avant tout, ça ne fait pas l'ombre d'un doute. Donc, c'est lui le plus cher aux dieux. Or le plus cher au dieu, selon toute vraisemblance, est aussi le plus heureux. Par conséquent, même à considérer les choses ainsi, on voit que le sage, plus que tout autre, doit être l'homme heureux[1].

Tout ce raisonnement repose sur une hypothèse populaire, que le philosophe ne peut ni corroborer ni prendre entièrement à son compte : s'il est vrai, comme on l'admet d'ordinaire ou comme le veut l'opinion, que les dieux prennent quelque souci des affaires humaines, alors le philosophe est l'homme le plus chéri des dieux. Le même genre de raisonnement hypothétique se trouve comme l'on sait à l'entame du *Traité décisif* d'Averroès : si la philosophie peut se définir comme la discipline qui se propose d'étudier les étants sous le rapport où ils prouvent, par inférence, l'existence d'un Dieu créateur capable de se révéler aux hommes dans le Coran, alors il est vrai que la philosophie est obligatoire (selon le Coran). Le problème est que « la discipline qui se propose d'étudier les étants sous le rapport où ils prouvent, par inférence, l'existence d'un Dieu créateur » ou artisan, n'est pas une définition de la philosophie, mais du *Kalām* acharite, le pire ennemi de la philosophie selon Averroès[2].

Cela étant dit, il y a un détail qui me semble déterminant dans cette citation de Farabi dans le *Guide des égarés*. Elle est extraite du même passage où Farabi aurait soutenu selon Averroès qu'une certaine doctrine

---

1. X, 1179a24-32, trad. fr. R. Bodéüs, qui a parfaitement saisi et rendu la dimension dialectique ou endoxique du passage, mais ne semble pas avoir vu que la providence telle qu'Aristote la conçoit ne va pas de haut en bas et n'est pas efficiente, mais de bas en haut et est finale. Voir R. W. Sharples, « Threefold Providence : The History and Background of a Doctrine », *in* R. W. Sharples and A. Sheppard (eds.), « Ancient Approaches to Plato's Timaeus », *Bulletin of the Institute of Classical Studies*, Suppl. t. 78, 2003, p. 107-127.

2. Voir Averroès, *Discours décisif*, éd. et trad. fr. M. Geoffroy, Paris, Flammarion, 2003, § 2 : « Si l'acte de philosopher ne consiste en rien d'autre que dans l'examen rationnel des étants, et dans le fait de réfléchir sur eux en tant qu'ils constituent la preuve de l'existence de l'Artisan, c'est-à-dire en tant qu'ils sont des artefacts – car de fait, c'est dans la seule mesure où l'on en connaît la fabrique que les étants constituent une preuve de l'existence de l'Artisan ; et la connaissance de l'Artisan est d'autant plus parfaite qu'est parfaite la connaissance des étants dans leur fabrique ; et si la Révélation recommande bien aux hommes de réfléchir sur les étants et les y encourage, alors il est évident que l'activité désignée sous ce nom [de philosophie] est, en vertu de la Loi révélée, soit obligatoire, soit recommandée ».

de la survie des âmes est un conte de vieilles femmes, qu'il n'y a pas de conjonction possible de l'intellect humain avec l'Intellect agent, et que seules les espèces survivent. Je ne vois pas, pour ma part, comment dans un même texte la citation de Platon a pu voisiner avec l'affirmation que la survie des âmes est un conte de vieilles femmes, à moins bien sûr que Farabi se soit référé dans le second cas au *Gorgias* de Platon, où Socrate explique que le mythe de la survie des âmes qu'il vient d'élaborer n'est qu'un conte de vieilles femmes. En résumé, il n'y a rien dans ce que nous savons qui soit suffisamment clair pour nous obliger à croire Averroès et Ibn Tufayl, d'autant que le premier, comme je l'ai dit, a pu vouloir détourner l'attention de ses contemporains de ce que lui-même allait bientôt soutenir[1]. Qui plus est, Averroès a reproché des choses très contradictoires à Farabi. D'un côté, il lui reproche d'avoir soutenu dans ce commentaire perdu que l'intellect peut cesser d'être une réalité contingente pour devenir nécessaire, c'est-à-dire immortelle – ce qui correspond à la thèse du *Régime politique*; et, d'un autre côté, il lui reproche d'avoir, semble-t-il, soutenu dans ce même commentaire à l'*Éthique à Nicomaque* que l'intellect humain ne peut pas se conjoindre à l'Intellect agent, ce qui est pourtant la condition pour que l'intellect humain devienne une réalité subsistante et nécessaire. Malgré les éléments tendant à montrer le contraire réunis par Marc Geoffroy[2], je continue à croire que tout cela trahit beaucoup de confusion de la part d'Averroès. J'en reste donc à la thèse du *Régime politique*, que je crois être la version ésotérique de la position exposée dans la *Cité vertueuse* : l'anéantissement des âmes vicieuses ou imparfaites est la vérité philosophique dont l'enfer (ou « le supplice », *al-shaqā'*) est l'approximation religieuse, tout comme l'immortalisation des âmes vertueuses est la vérité philosophique dont « la félicité » (*al-sa'āda*) est le nom à la fois religieux et philosophique. Je peux, à partir de là, répondre à l'objection qui m'a été adressée.

1. Dans son *Tafsīr* ou grand commentaire de la *Métaphysique*, Averroès confond Avicenne et Farabi dans une même réprobation de la théorie de l'émanation, puis soutient à propos de Dieu comme source de l'être des étants postérieurs une thèse qu'il reprend presque textuellement du second. *Cf.* Ph. Vallat, *Farabi et l'École d'Alexandrie, op. cit.*, p. 95 *sq.* ; R. Taylor, « Averroes on Providence », *in* P. D'Hoine and G. Van Riel (eds.), *Fate, Providence, and Moral Responsibility in Ancient, Medieval and Early Modern Thought, Studies in Honour of Carlos Steel*, Leuven, Leuven University Press, 2014, p. 455-472.

2. M. Geoffroy, « Averroès sur l'intellect comme cause agent et cause formelle et la question de la 'jonction'– I », dans J.-B. Brenet (éd.), *Averroès et les averroïsmes juif et latin*, Turnhout, Brepols, 2007, p. 77-110.

Interprétation générale

Cette objection est la suivante : même si l'on admet que la pensée de Farabi a, pour ainsi dire, les moyens de ses ambitions conceptuelles, à savoir de présenter une doctrine cohérente en elle-même, qui est que le philosophe atteint de fait, grâce à la connaissance métaphysique, à la félicité et à l'immortalité, ce ne peut pas être vrai, cependant, dans le cas des non-philosophes auxquels la religion philosophique s'adresse, pour une raison qui relève de sa noétique : l'intellect humain à son plus haut degré d'actualité implique une séparation en entéléchie d'avec son substrat biologique ; mais l'imagination des non-philosophes, à laquelle les images religieuses s'adressent, implique toujours un rapport avec la matière, et ne peut donc éduire l'âme des non-philosophes hors de leur substrat corporel. La religion n'a donc qu'un but politique et ne conduit pas les non-philosophes au salut ou félicité. Sur ce point au moins, Farabi a menti, que ce mensonge soit noble ou ignoble.

Il y a deux façons de répondre à cette objection, une longue et une plus courte. La longue consisterait à montrer que l'analogie de l'être, doctrine que Farabi est le premier à avoir formulée, est une ontologie de la ressemblance et que dans une ontologie de la ressemblance, la connaissance conceptuelle, qui caractérise le philosophe, et la connaissance imaginale, qui caractérise le non-philosophe, sont non seulement en rapport de ressemblance l'une vis-à-vis de l'autre, mais également vis-à-vis d'un troisième terme, qui n'est ni l'une ni l'autre et qui les dépasse toutes deux infiniment. Comme il l'explique dans le *Régime politique*, ce troisième terme est à la fois immatériel et au-delà de toute forme, qu'elle soit conceptuelle ou imaginale. Cela veut dire que la connaissance conceptuelle, *taṣawwur* en arabe, n'est elle-même qu'une semblance ou forme rationnelle de quelque chose qui, en soi, n'a pas de forme. Le fait que la connaissance imaginale, *taḫayyul*, ne soit à son tour, dans la religion vertueuse ou philosophique, que la semblance ou forme imaginale d'une connaissance conceptuelle n'empêche donc pas de penser qu'elle conduise elle aussi, selon cette ontologie scalaire de la ressemblance, à une même réalité sans forme, *sans passer par la raison conceptuelle*. Je remarque d'ailleurs que Farabi, dans un texte que j'ai commenté ailleurs, appelle la prédication analogique de « être » et « un » un mode de représentation imaginale, *naḥwun min al-taḫayyul*[1]. Or cette

---

1. Ph. Vallat, *Farabi et l'École d'Alexandrie*, op. cit., « L'Analogie de l'être », p. 347-365. Preuve que Farabi ajoutait foi à cette idée, il explique que Thémistius, qui ne percevait pas l'octave à l'oreille, en avait une connaissance analogique (voir la citation du *Livre de la musique*, p. 353-354 de « L'Analogie de l'être »).

représentation imaginale, qui n'est celle, paradoxalement, d'aucune forme sensible tirée des sens, est celle dont il parle aussi à propos de l'usage analogique des images dans sa cité vertueuse, images qui, rappelons-le, sont des raisonnements composés d'homonymes analogiques comme « être » et « un ». En d'autres termes, si les images de la religion de la cité vertueuse sont agencées de manière analogique, comme l'explique Farabi dans un passage que nous avons lu, alors elles doivent susciter chez les non-philosophes le même genre d'*ascensio mentis ad unum* que la connaissance par concepts suscite chez les philosophes. Dans ce cas, la connaissance imaginale est à l'homme du commun ce que la connaissance conceptuelle est au philosophe : une image, ajustée aux facultés de chacun, d'une vérité au-delà de toute forme. Une religion peut donc conduire à la félicité aussi bien que la philosophie, pourvu qu'elle imite celle-ci adéquatement, car celle-ci n'est elle-même qu'un degré plus élevé de ressemblance à la vérité, cette dernière demeurant au-delà de toute forme, conceptuelle ou imaginale.

Quant à la voie plus courte pour répondre à cette objection, elle consiste à comprendre que la religion vertueuse de Farabi n'est aucune des religions historiques, comme le montre très clairement le passage des *Aphorismes politiques* que voici :

> Les idées qu'il leur convient de partager sont trois : ‹il leur faut partager les idées› du commencement, de l'aboutissement et de ce qu'il y a entre les deux.
> La coïncidence de vue (*ittifāq al-ra'y*, cf. *Rép.* 433c) quant au commencement est que coïncident leurs idées sur Allāh – exalté soit-Il ! –, sur les êtres spirituels, sur les Justes qui sont le modèle à imiter, sur comment le monde et ses parties sont originés et sur comment est originée la génération de l'homme (*kayfa ibtada'a kawn al-insān*); puis, sur la hiérarchie des parties du monde, sur le rapport d'analogie des unes aux autres, sur leur rang de dignité par rapport à Dieu et par rapport aux êtres spirituels; puis sur le rang de dignité de l'homme par rapport à Dieu et aux êtres spirituels.
> C'est cela le commencement. Pour ce qui est de l'aboutissement, c'est la félicité. Ce qu'il y a entre les deux, ce sont les œuvres moyennant lesquelles s'obtient la félicité. Quand les idées des habitants de la cité coïncident sur ces sujets et que cela est ensuite réalisé à plein grâce aux œuvres moyennant lesquelles s'obtient la félicité des uns avec les autres, cela entraîne nécessairement un amour des uns pour les autres [...][1].

---

1. Farabi, *Aphorismes politiques*, § 61, p. 70-71 Najjar.

Farabi fait allusion ici aux éléments essentiels de son ontologie scalaire et confirme une chose que j'ai dite plusieurs fois : la religion décrite ici à grands traits, qui est la religion vertueuse ou philosophique, n'est aucune des religions historiques, mais correspond en tout point à la pensée philosophique de Farabi. Il n'y est pas question de prophétie législatrice, ni, par conséquent, de providence particulière. Le Dieu qui y est mentionné, encore qu'il soit appelé Allāh, n'est donc pas supposé connaître le monde. Au contraire du monde et de l'homme, les êtres spirituels n'ont apparemment pas de commencement – ce qui est un simple rappel du fait que, selon Farabi, les Causes secondes et l'Intellect agent sont coéternels au Premier principe. Quant au commencement, il n'est pas temporel dans le cas du monde, c'est-à-dire des sphères célestes, mais seulement dans le cas de l'homme, comme le révèle un détail de l'arabe : le mot *kawn*. Le temps physique est pour Farabi la conséquence sublunaire du mouvement sempiternel des sphères. On peut imaginer qu'en parlant du commencement de la génération, *kawn*, de l'homme, Farabi ait aussi fait référence à la doctrine de la corruptibilité des âmes, ainsi qu'à celle de l'immortalité conditionnelle. Tout ce qui est engendré est en effet corruptible, à l'exception de l'âme intellective dans son état de séparation, si et seulement si elle vient à se séparer de son substrat biologique. De plus, il n'est pas question ici de châtiment *post mortem* des âmes, mais seulement de la félicité. Bref, cette religion, qui reste à fonder, est tout entière philosophique ou humaine dans ses principes. La question de la ressemblance philosophique des images religieuses se pose donc, en l'occurrence, dans des termes dégagés de toute référence historique, comme un problème abstrait. Ce que Farabi décrit n'est pas la façon dont la philosophie doit se grimer pour se faire passer pour l'une des religions historiques, comme l'imaginent toujours les straussiens. Il parle d'une religion nouvelle, qu'il aurait fallu substituer à ces religions historiques. Si la vraie philosophie l'emporte quelque part sur une religion préexistante, défectueuse ou corrompue en son principe, note-t-il dans le *Livre des particules* (§ 150), la philosophie aura à détruire cette religion. Telle est la radicalité de son projet. La façon dont la philosophie doit se traduire pour être assimilable aux non-philosophes n'est donc plus, dans ce cas, une question de stratégie politique. On peut également insister sur l'absence complète, dans cette citation des *Aphorismes* § 61, de références à la dimension politique de l'éthique ou à la réduction de la seconde à la première. On pourrait être tenté de voir dans cette absence la confirmation que l'éthique religieuse et le pouvoir coercitif étaient bien deux choses distinctes pour lui, et qui n'avaient pas nécessairement besoin d'être pensées ensemble, à la façon dont l'islam les pense. Il faut, explique-t-il à la suite d'Aristote, créer un lien d'amour ou de *philia* entre les habitants de la cité, en arabe *maḥabba*. Cette *philia*, qui n'est d'abord que la conséquence d'une communion d'idées et de vertus, devient ensuite un principe d'harmonie et de cohésion politique. Tout cela se lit dans l'*Éthique à Nicomaque*. Contrairement à ce que Strauss, s'inspirant de Nietzsche, pensait, Muhammad n'est pas pour Farabi un Platon qui aurait réussi son coup. Il n'est pas nécessaire à la définition de la religion vertueuse que la dimension coercitive et politique y soit incluse.

CONCLUSION

En conclusion, il faut donner raison à Leo Strauss, mais savoir marquer les limites de l'interprétation de la philosophie arabe que son schéma de lecture autorise à défendre. De plus, l'athéisme n'est pas la vérité ésotérique de la *falsafa*. Strauss le savait certainement. La chose est moins sûre dans le cas des arabisants qui l'ont suivi. Quant au problème théologico-politique, que peut-on retirer de la lecture de Farabi si l'on croit comme moi qu'il est encore permis de penser *à partir* des médiévaux ? La leçon que je crois pouvoir formuler se comprend mieux si on la compare avec celle qui se dégage des positions d'Averroès. On peut aujourd'hui, en excipant des statistiques, faire valoir que la survie démographique de l'espèce est beaucoup mieux assurée par ceux qui mettent leur foi dans une forme de transcendance plutôt que dans l'idéologie relativiste indissociable du consumérisme ou du capitalisme libéral. Les statistiques américaines, qui ont le mérite d'exister, sont très claires à ce propos. On peut donc tenter de faire valoir que la survie de l'espèce rend nécessaire, quoi qu'on pense sur le fond, de réinjecter d'urgence de la transcendance dans nos représentations culturelles. C'est la leçon néo-straussienne qu'on peut tirer d'Averroès.

Mais on peut tirer aussi de Farabi une leçon différente, concernant non la survie temporelle de l'espèce, mais celle, spirituelle, des individus. Au fond, Farabi disait la chose suivante : la question théologico-politique est une question de vie ou de mort *éternelles*. Si vous ne réformez pas la cité, si votre religion n'est pas vertueuse, si vous ne nous obligez pas à vous y conformer, vous vouez vos enfants et vous-mêmes à une mort éternelle, vous engendrez pour le néant et mourrez corps et âmes, alors que vous auriez pu échapper à la mort. Farabi avait perçu la portée politique de la doctrine de l'immortalité conditionnelle, puisqu'il prend le temps, dans le *Régime politique*, de souligner les tourments de ceux qui se savent sur le point de périr spirituellement alors qu'ils auraient pu échapper à la mort de l'âme. Quoi qu'on pense, là encore, de la vérité de cette doctrine, réapparue en Europe au XVIIe siècle, je remarque qu'aux antipodes des idées platoniciennes d'un Origène, adoptées par l'Église, cette doctrine était celle des premiers chrétiens, grecs et latins, sans parler de Paul et de l'auteur de l'*Épître aux Hébreux*. Je termine en citant une remarque ésotérique d'Étienne Gilson, qui a écrit dans ses Gifford Lectures : « Au fond, un christianisme sans l'immortalité de l'âme n'est pas entièrement inconcevable. La preuve en est qu'il a été conçu ainsi ». Peut-être l'immortalité conditionnelle est-elle la théologie dont nous avons besoin. Elle a beaucoup d'avantages, et pas seulement culturels et politiques.

LE THÉOLOGICO-POLITIQUE
À LA LUMIÈRE DE LA PHILOSOPHIE
PROPHÈTE, ḤALĪFA ET ESPÈCE HUMAINE
SELON AVICENNE

Olga L. Lizzini

Chez tout penseur de l'Islam classique, le thème du théologico-politique impose qu'on prenne en considération la prophétie. Le calife est le successeur, voire le vicaire du prophète, et nulle théorie qui s'inscrit dans la tradition islamique ne peut se passer de cet élément. La philosophie ne subit pourtant pas la tradition religieuse. Elle l'élabore et la retravaille en utilisant surtout – c'est un thème bien établi par les chercheurs – la théorie platonicienne de la *Politeia* (ce qui ne veut pas dire que les théories philosophiques arabes soient homogènes)[1].

Mon but est ici de montrer que l'élément théologico-politique chez Avicenne n'est lisible qu'à la lumière de sa métaphysique[2]. Plus

---

1. En fait il y a même une tradition antiprophétique dans la pensée arabo-islamique : *cf.* S. Stroumsa, *Free Thinkers in Medieval Islam. Ibn al-Rāwandī, Abū Bakr al-Rāzī, and Their Impact on Islamic Thought*, Leiden-Boston-Köln, Brill, 1999 ; pour une interprétation différente, *cf.* M. Rashed, « Abū Bakr al-Rāzî et la prophétie », *Mélanges de l'Institut Dominicain d'Études Orientales*, t. 27, 2008, p. 169-182. Sur la tradition de la *République* de Platon en Islam, *cf.* Ph. Vallat dans Abū Naṣr al-Fārābī, *Le régime politique*, intro., trad. fr. et comment. Ph. Vallat, Paris, Les Belles Lettres, 2012 (avec références bibliographiques). Sur le théologico-politique en Islam (mais les positions des auteurs diffèrent sensiblement l'une de l'autre), *cf.* au moins Ch. Jambet, *Le gouvernement divin. Islam et conception politique du monde. Théologie de Mullā Sadrā*, Paris, CNRS éditions, 2016 ; R. Brague, *La loi de Dieu. Histoire philosophique d'une alliance*, Paris, Gallimard, 2005 (surtout les p. 269-314). Pour un recueil de textes, *cf.* S. Denoix et A.-M. Eddé (éd.), *Gouverner en Islam. Xᵉ-XVᵉ siècle. Recueil de textes et de documents*, Paris, Éditions de la Sorbonne, 2015.

2. *Cf.* aussi les remarques dans « Introduzione » au livre X, *in* Avicenna. *Metafisica. La scienza delle cose divine (al-Ilāhiyyāt) dal Libro della Guarigione (Kitāb al-Shifāʾ)*, traduzione dall'arabo, introduzioni, note e apparati di O. Lizzini. Prefazione, revisione del testo latino e cura editoriale di P. Porro, Milano, Bompiani, 2006 (éd. corrigée et mise à jour).

précisément, la théorie de l'autorité politique – qui inclut celle de la prophétie – n'est qu'un aspect de sa métaphysique. Les chercheurs ont déjà souligné l'absence d'un vrai développement consacré à l'éthique et à la politique chez Avicenne et ils ont insisté sur le caractère d'appendice qu'aurait la discussion de la théorie politique dans la *Métaphysique* d'Avicenne[1]. Cependant, plus que d'un appendice ou d'une annexe, il faut parler d'une véritable appartenance : la théorie politique est pour Avicenne une conséquence, et donc une partie de la *Métaphysique*. Son emplacement à la fin de son texte majeur de métaphysique – les *Ilāhiyyāt* du *K. al-Šifā'* – n'a en fait rien d'accidentel.

C'est dans la partie conclusive de sa *Métaphysique* qu'Avicenne offre une légitimation philosophique de la prophétie et de sa dimension politique. Il ne sera pas inutile de considérer le texte dans son ensemble. Il s'agit du Xe traité des *Ilāhiyyāt* du *K. al-Šifā'*, un texte plutôt court d'ailleurs, divisé en cinq sections (ou chapitres : *fuṣūl*), où Avicenne discute – sur un plan qui est éminemment philosophique – de la vie de l'homme dans sa dimension religieuse, sociale et politique. Après avoir donné corps à son système métaphysique, Avicenne traite en somme de la place qui, dans ce même système, est réservée à l'homme.

ILĀHIYYĀT X

La première section du Xe traité fait suite aux thèmes cosmologiques des VIIIe et IXe traités, et introduit en même temps le sujet propre de ce même X[e] traité : le processus descendant du flux (le *fayḍ*, la πρόοδος des néoplatoniciens) est évoqué à partir du mouvement du retour (*ma'ād* ; ἐπιστροφή), qui lui est complémentaire. Si du Premier principe, les

---

1. La partie conclusive des *Ilāhiyyāt* (X, 3-5) constitue un développement englobant l'éthique. Selon A. Bertolacci – *The Reception of Aristotle's Metaphysics in Avicenna's Kitāb al-Šifā'. A Milestone of Western Metaphysical Thought*, Leiden-Boston, Brill, 2006, p. 150-211 ; cf. *id.*, *The Structure of Metaphysical Science in the Ilāhiyyāt (Divine Science) of Avicenna's Kitāb al-Šifā' (Book of the Cure)*, dans *Documenti e studi sulla tradizione filosofica medievale*, t. 13, 2002, p. 25 (pour l'article, v. p. 1-70) – elle correspondrait au traité d'éthique et de politique dont Avicenne annonce la composition dans le *Prologue* de son *K. al- al-Šifā'* (*Madḫal*, p. 11, 12-13 ; cf. D. Gutas, *Avicenna and the Aristotelian Tradition : Introduction to Reading Avicenna's Philosophical Works*, Leiden, Brill, 2014², p. 46, n. 11). La partie conclusive des *Ilāhiyyāt* est conçue par A. Bertolacci comme un « appendice » d'éthique, ce qui laisserait penser à une fondation métaphysique de la philosophie pratique chez Avicenne ; voir aussi, A. Bertolacci, *Il pensiero filosofico di Avicenna*, *in* C. D'Ancona (a cura di), *Storia della filosofia nell'Islam medievale*, Torino, Einaudi, 2005, vol. II, p. 580 (p. 525-626).

étants ne cessent de *descendre* et donc de diminuer dans les rangs (des Intelligences dérivent les âmes, puis les corps des sphères, et ensuite encore les éléments du monde matériel), à partir des éléments du monde sublunaire on reconnaît en revanche un mouvement de direction inverse, à savoir un processus qui est en même temps prélude et partie du « retour » : Avicenne nomme d'abord les éléments, puis les plantes, la vie animale, et enfin seulement la vie humaine. L'ordre suivi est donc ascendant : la vie humaine est la vie où les deux dimensions, celle de la vie sublunaire et celle de la vie céleste, sont comme conjointes. Cette conjonction des mondes sublunaire et céleste se réalise pleinement dans la perfection intellectuelle de l'homme et de façon éminente chez le prophète, à savoir chez celui qui, élu par Dieu (mais les termes selon lesquels cette élection est traduite sont ceux de la complexion naturelle), n'a pas seulement la perfection intellectuelle, mais aussi les propriétés des perfections imaginatives et corporelles et peut donc accéder à la vision du monde céleste (il entend la parole « de Dieu » et voit les anges)[1].

C'est dans la deuxième section qu'Avicenne offre à la prophétie une légitimité philosophique, à la fois dans sa fonction politique (la formation de la société humaine) et dans sa fonction purement religieuse (le fondement de la foi et l'eschatologie). On peut distinguer deux moments dans le discours d'Avicenne. Le premier[2] vise à montrer comment la prophétie est nécessaire aux exigences, aux fins pour ainsi dire de la nature divine universelle ; le second[3] légitime la prophétie sur le plan métaphysique, à partir de la notion même de possibilité. Voyons les deux moments dans le détail.

En premier lieu, la prophétie se montre nécessaire du point de vue politique : la prophétie est en ce sens la vraie fondation de la vie sociale humaine[4]. Cette nécessité est toutefois bien plus que « politique » (voire

---

1. *Ilāh.*, X, 1, p. 435, 12-436. Avicenne parle de voix audibles et de formes visibles. Le discours à faire à propos des visions et des capacités auditives du prophète est complexe : il implique non seulement le rôle de l'imagination et de l'intellect pratique, mais la définition même de la prophétie et de ses propriétés ; sans reprendre ici la question dans le détail, je renvoie à J.-B. Brenet et O. Lizzini (éd.), *Avicenne ? Épître sur les prophéties*, trad. fr. J.-B. Brenet, Paris, Vrin, 2018 (avec bibliographie).

2. Cf. *Ilāh.*, X, 2, p. 441-442, 1.

3. Cf. *Ilāh.*, X, 2, p. 442, 1-6.

4. *Ilāh.*, X, 2, p. 441, 10-442, 8 : « Il est donc nécessaire pour l'existence de l'homme et sa conservation, qu'il s'associe avec d'autres. [...] Il faut pour les conventions une coutume et de la justice. La loi et la justice demandent un législateur et un exécuteur de la justice. Il faut que celui-ci soit de telle sorte qu'il puisse s'adresser aux peuples, et leur imposer la loi. Aussi, faut-il que ce soit un homme. Il ne faut pas qu'il laisse les hommes [agir] sur ce point selon leurs propres idées, car alors, ils auront des sentiments divers et chacun jugera que ce

limitée au point de vue humain de la vie et de son organisation). Il s'agit en effet d'une nécessité « métaphysique », parce que c'est dans la métaphysique que l'on retrouve les raisons de l'organisation sociale : la vie sociale, que la prophétie, fonde est nécessaire à la permanence de l'espèce. La vie sociale et par conséquent la prophétie sont nécessaires en fait à la nature universelle au sens spécifique de ce qui est « obligatoire » (*ḍarūrī*). Nécessaire ou, plus précisément, « obligatoire » indique ici le fait incontournable d'une dérivation. La prophétie est en somme comme un conséquent nécessaire (*lāzim*) de la nature universelle ou, plus précisément, elle est « obligatoire » parce qu'elle accompagne de nécessité le « but » de la nature universelle : le prophète est plus nécessaire à la permanence de l'espèce humaine que les cils et les sourcils ou que la forme de la plante des pieds qui est creuse[1].

En deuxième lieu et de façon conséquente – voici le second moment de l'analyse qui légitime la prophétie du point de vue métaphysique – Avicenne déclare que la prophétie est un « bien » possible[2]; dans le cadre de sa métaphysique, cette référence à la possibilité du bien renvoie pourtant également et immédiatement à la nécessité et donc à l'existence. La prophétie est un *bien* et tout ce qui est nécessaire à la réalisation du bien doit exister : le principe de plénitude, qu'implique la théorie émanative d'Avicenne, l'exige[3]. La prophétie *doit* donc faire partie de l'ensemble des choses qui existent.

Ayant établi la nécessité *métaphysique* de la prophétie sous ce double aspect et avec ces deux arguments, l'un impliqué par l'autre[4], Avicenne s'attache ensuite à discuter dans le détail la nécessité « métaphysico-politique » de la prophétie (le premier des deux points

---

qui lui est dû est juste et que ce qu'il doit est injuste [...]. La prophétie est le seul moyen que l'on possède pour bien fonder la vie sociale humaine. La nécessité d'un tel homme est plus urgente que la nécessité pour les poils de pousser sur les cils et les sourcils [...]. Il faut qu'il ait une particularité qui ne se trouve pas chez tous les hommes, de sorte que les hommes se rendent compte qu'il y a en lui quelque chose qui ne se trouve pas en eux et qui sert à le distinguer d'eux. Il pourra donc faire les prodiges [...] », trad. fr. G. C. Anawati légèrement modifiée, *La métaphysique du Shifā'*, Livres VI-X, Paris, Vrin, 1985, p. 175-176.

1. *Ilāh.*, X, 2, p. 441, 15-17 ; *cf.* Arist. *De part. an.* II, 15, 658b14-25. Avicenne explique l'idée de nature universelle et de conséquent en *Ilāh.*, VI, 5, p. 288, 18-291, 3.

2. *Ilāh.*, X, 2, p. 442, 1-6 : « Que puisse exister l'homme vertueux capable de légiférer et d'être juste, cela est *possible*. [...] Il n'est pas possible que la Providence première exige ces utilités-là et n'exige pas celles-ci. Comment se peut-il qu'il n'existe pas, alors que ce qui dépend de son existence et est basé sur son existence, existe ? ».

3. *Cf.* au moins *Ilāh.*, IX, 6, p. 418, 1-421, 11.

4. En offrant la légitimation de la vie sociale, la prophétie garantit l'espèce et elle est donc un bien et, en tant que bien possible, elle doit exister.

que l'on vient de mentionner), et il déduit les différentes propriétés du prophète.

Il y a en fait différentes raisons qui, enchaînées les unes aux autres, expliquent la nécessité « métaphysico-politique » du prophète[1]. Pour être vraiment « homme » et donc ne pas être une bête brute, l'homme doit vivre en société ; mais pour être organisée, une société exige la coopération. Or celle-ci est impossible en dehors des lois qui la permettent, et les lois qui la permettent et sont donc nécessaires renvoient à leur tour à la nécessité d'un législateur. Mais le rôle d'un législateur, voire son existence même, ne peuvent se réaliser en dehors de la prophétie. En fait, seul celui qui fonde les lois sur la base de l'enseignement divin sera suivi du peuple : l'enseignement divin transmet le signe d'une altérité fondamentale (la transcendance), qui seule rend les lois pour ainsi dire imperméables aux discussions et aux objections qui autrement dériveraient des différentes opinions des hommes[2]. Seule la prophétie fonde donc les lois en tant que lois qui perdurent au-delà des vicissitudes de l'histoire. En d'autres mots, à travers la prédication et la réalisation des miracles, à savoir en vertu de deux des propriétés qui lui sont propres[3], le prophète procure le signe de la transcendance. Il est par conséquent obéi lorsqu'il établit des lois ; ses lois seront en fait suivies même après sa mort, et ce n'est que la continuité de la tradition qui permet de garantir le vivre en commun et la permanence de l'espèce humaine qui constitue le but ultime de ce vivre en commun[4].

---

1. *Ilāh.*, X, 2, p. 441, 4-, 442, 1-9.

2. Sur les différentes opinions des hommes qui pourraient créer confusion, cf. *Ilāh.*, X, 2, p. 441, 14-442, 1 ; 442, 10-443, 2.

3. Cf. *Ilāh.*, X, 1, p. 435. 14-15. Les trois propriétés de la prophétie résident dans la puissance intellectuelle (*cf.* l'intellect saint), la puissance imaginative et la puissance poïétique (la capacité de réaliser des miracles) ; M. Afifi al-Akiti, « The Three Properties of Prophethood in Certain Works of Avicenna and Al-Gazālī », *in* J. McGinnis, with the assistance of D. C. Reisman (ed.), *Interpreting Avicenna : Science and Philosophy in Medieval Islam*, Proceedings of the Second Conference of the Avicenna Study Group, Leiden-Boston, Brill, 2004, p. 189-212, défend l'idée de propriétés de la prophétie ; *cf.* aussi L. Gardet, *La pensée religieuse d'Avicenne*, Paris, Vrin, 1951, p. 119-125 qui parle des trois « conditions » ; A. Elamrani-Jamal, « De la multiplicité des modes de la prophétie chez Ibn Sīnā », dans J. Jolivet et R. Rashed (éd.) *Études sur Avicenne*, Paris, Les Belles Lettres, 1984, p. 125-142, qui examine de près la connexion entre théorie de la prophétie et hiérarchie des facultés de l'âme. D. N. Hasse, en revanche, interprète les propriétés comme indiquant trois différentes façons d'entrer en contact avec le monde céleste (cf. *Avicenna's De anima in the Latin West. The Formation of a Peripatetic Philosophy of the Soul 1160-1300*, London-Torino, The Warburg Institute-Nino Aragno, 2000, p. 154-165).

4. Cf. *Ilāh.*, X, 2, p. 442, 6-9.

La nécessité de la prophétie est donc politique et finalement métaphysique. Sa nécessité du point de vue pour ainsi dire existentiel (celui de la vie religieuse de *l'individu* dont le but réside dans la félicité dans l'au-delà[1]) n'apparaît que de façon secondaire, comme si elle n'était qu'un moment subordonné aux exigences politiques et métaphysiques que l'on vient de mentionner. Plus précisément, le caractère de guide spirituel du prophète est instrumental par rapport à son caractère de guide politique[2]. On le voit clairement à partir du premier des principes ou racines (*uṣūl*)[3] de la prédication prophétique qu'Avicenne introduit dans la suite de son discours : le prophète enseigne l'existence d'un Dieu un, créateur (un « artisan » : *ṣāniʿ*), qui prépare pour l'homme un « retour », une vie de l'au-delà qui peut être de plaisir ou de souffrance, selon l'obéissance qu'il a montrée vis-à-vis de ses lois[4]. Le message prophétique ne fait donc que lier, dès le début, la foi portant sur les vérités théologiques (Dieu, le créateur) à celle qui a pour objet les vérités eschatologiques (le « retour ») ; et celles-ci fondent à leur tour la nécessaire obéissance aux lois divines. On doit obéir au prophète et à son successeur au nom du créateur : le premier contenu de la révélation est ainsi explicitement instrumental par rapport à ce qu'Avicenne présente comme la fonction première de la prophétie : fonder la société humaine en conformité avec les lois, pour permettre la conservation de l'espèce[5].

1. Sur ce thème, *cf.* J. R. Michot, *La destinée de l'homme selon Avicenne. Le retour à Dieu (maʿād) et l'imagination*, Leuven, Peeters, 1986 ; quelques remarques à propos du thème de l'élitisme et de ses relations avec l'eschatologie, dans O. L. Lizzini, « Desiderio di sapere, piacere dell'intelletto ed elitarismo : intorno all'escatologia di Avicenna », in *Quaderni di Studi Arabi*, n. s., t. 11, 2016, (Studi in onore di Francesca Lucchetta), p. 75-92.

2. Cf. *Ilāh.*, X, 2, p. 442, 9-443, 12.

3. La métaphore de la plante (racines et ramifications) est classique dans toute classification disciplinaire ; exemplaire est la formule de *uṣūl al-fiqh* (les principes – littéralement les « racines » – du droit).

4. *Ilāh.*, X, 2, p. 442, 10-443, 12 ; *cf.* en particulier p. 442, 10-14. « Il ne faut pas qu'il les occupe en ce qui concerne la connaissance de Dieu, de quelque chose de plus que ceci : il est Un, vrai, n'ayant pas de semblable. S'il va avec eux plus loin […] le travail pour comprendre paraîtra trop lourd et troublera la religion qu'ils ont ».

5. Cela serait peut-être exagérer le discours d'Avicenne, mais on pourrait noter que ce caractère instrumental (la vérité pour l'obéissance et l'obéissance pour la société et *in ultimo* pour l'espèce), souligne l'importance de la communication (la Révélation est une communication au sens technique : le messager, le message et le destinataire du message en font tous partie), plus que celle de son contenu. Si la prophétie est un instrument, la vérité cesse d'être centrale dans le message prophétique. En fait une partie de la Révélation, qui est aussi « écoute » et donc obéissance, n'est pas investie de la question de la vérité ; j'ai proposé quelques remarques à ce propos dans l'« Introduction », à J.-B. Brenet et O. L. Lizzini, *Avicenne ? Épître sur les prophéties*, Paris, Vrin, 2018, p. 7-82, en particulier p. 62-68.

Les autres indications qu'Avicenne donne à propos de la communication prophétique, et qui constituent implicitement les autres « principes » de cette communication, confirment d'ailleurs cette lecture instrumentale du caractère religieux ou « existentiel » de la prophétie. Le prophète doit communiquer des vérités simples, il doit le faire sans que l'on soupçonne qu'il connaît des vérités cachées, il doit le faire afin que les gens simples comprennent, et il doit donc le faire en utilisant des symboles, lesquels utilisent des images concrètes. Les symboles sont accessibles à l'imagination et donc à la vie imaginative de l'âme[1]. Ce point est clairement affirmé : le prophète qui instaure la loi fera connaître « la majesté de Dieu et sa grandeur aux moyens de symboles et d'images pris parmi les choses qui auprès [du peuple] sont majestueuses et grandes »[2].

Cette communication symbolique a d'ailleurs une conséquence précise pour la recherche philosophique : le prophète s'adresse non seulement à ceux qui se contentent de la vérité du symbole, mais aussi à ceux qui dépassent – et doivent dépasser – cette même vérité : les philosophes qui « détectent » les symboles et en comprennent la vérité secrète[3].

Avicenne indique donc à la fois les voies et les limites de la prédication, et détermine non seulement le contenu de la prédication prophétique, mais aussi son langage. Non seulement le prophète ne doit rien communiquer d'autre que des vérités simples, rien de plus que les éléments primaires du *tawḥīd* que l'imagination conçoit à sa façon (Dieu est un : aucun être ne lui est égal, semblable ou associé) ; mais en outre les vérités, ou du moins certaines d'entre elles, doivent être communiquées en utilisant des symboles. La masse des hommes qui ne peuvent pas faire face aux difficultés de la théologie et de la métaphysique[4] ne peut

---

1. *Ilāh.*, X, 2, p. 443, 2-6.

2. *Ilāh.*, X, 2, p. 443, 4-5. Trad. fr. d'Anawati, légèrement modifiée ; *cf.* D. Gutas (*Avicenna and the Aristotelian Tradition. Introduction to Reading Avicenna's Philosophical Works*, Leiden, Brill, 2014, p. 338). Pour les métaphores qui cachent un discours religieux, cf. *al-R. al-aḍhawiyya*, p. 43-45 à propos du sens du *tawḥīd* qu'il faut communiquer ; *al-R. al-aḍhawiyya*, p. 57-59, à propos de la nécessité qu'il y ait un prophète, nécessité qui est due au fait que les gens n'ont pas de propriété divine (*ḫāṣṣiyya ilāhiyya*) et de puissance céleste (*quwwa 'ulwiyya*) pour communiquer avec la réalité céleste (v. aussi *al-R. al-aḍhawiyya*, p. 61-63).

3. *Ilāh.*, X, 2, p. 443, 10-11 ; *cf.* D. Gutas, *Avicenna and the Aristotelian Tradition* p. 338-339 et 343-346, et le passage qu'il cite du *K. al-Naǧāt* : « Know that God knows the manner in which good in these matters [is effected], and what God knows should accordingly be taken in the right manner (as you have found out). It makes no difference that his [the prophet's] address includes symbols [*rumūz*] and Pointers [*išārāt*] inviting the philosophical research [*al-baḥt al-ḥikmī*] those naturally predisposed to theoretical investigation ».

4. *Ilāh.*, X, 2, p. 442, 10-443, 12. On retrouve ici l'élitisme que l'on a déjà évoqué.

recevoir que les vérités premières sur Dieu, les plus simples. Le prophète doit donc passer sous silence les problèmes de la théologie ou dissimuler les difficultés théologiques et philosophiques qu'impliquent les vérités « simples » (« Dieu est un »). Cela signifie aussi – comme on vient de le voir, Avicenne le déclare de façon explicite – que le prophète fera usage de symboles et d'images concrètes, symboles et images qui permettent à la fois, à l'homme commun, de comprendre son discours et, au philosophe, d'y déceler un autre contenu et donc d'entreprendre l'enquête spéculative.

C'est à partir des propriétés linguistiques mêmes de la prophétie qu'Avicenne déduit, premièrement, la nécessité du langage des images (*ruzūm, amṯila, amṯāl*) pour le peuple et, deuxièmement, celle des signes ou des indications (*išārāt*) qui légitiment l'interprétation philosophique de la révélation. Enfin, il faut le noter, le prophète et la religion qu'Avicenne considère ici ne s'identifient pas exclusivement à l'Islam. Si, dans les sections suivantes du traité, le discours investit de façon spécifique les préceptes islamiques auxquels Avicenne donne une légitimité philosophique, le discours d'Avicenne se veut général et donc universel.

Un autre argument métaphysique, en faveur de la nécessité du rôle politique de la prophétie, est ajouté dans la troisième section du traité[1] : la complexion matérielle qui est nécessaire pour obtenir la forme parfaite du prophète ne peut se réaliser que rarement. Avicenne se réfère ici au mécanisme de la préparation : seule une matière préparée ou disposée peut expliquer le fait qu'une certaine forme soit reçue[2]. Il est donc non seulement nécessaire que les lois établies par le Prophète soient durables, mais aussi qu'elles comprennent un système d'actes – les actes cultuels – qui permette de se souvenir du prophète et de son acte législateur sur une très longue période. La naissance d'un prophète – à savoir la formation d'une complexion adéquate à sa naissance – est donc un phénomène très

---

1. *Ilāh.*, X, 3, p. 443, 16-445, 10.

2. Pour la complexion du prophète, *cf.* au moins *Ilāh.*, X, 3, p. 443, 16-18. *Cf.* Aristote, *De anima*, II, 2, 414a : « La réalité parfaite, l'entéléchie de chaque chose ne se produit naturellement que dans ce qui est en puissance, et dans la matière qui est propre à la recevoir. Il est donc clair par là qu'il n'y a réalité parfaite, entéléchie et raison, que pour ce qui a la puissance de devenir de telle ou telle façon » ; *cf.* Aristote, *Metaph.* IX. Il faut préciser qu'Avicenne ne distingue pas proprement entre naturel et surnaturel sinon en ce qu'il distingue entre physique et métaphysique ; la cause de la nature est une « troisième chose » (l'intellect agent) qui ne fait pas partie de la nature ; le principe de la nature vient de « là-haut » (cf. *Ilāh.*, X, 1, p. 439, 3-5 ; 11-12). Toute la théorie du flux divin est ici impliquée. Pour une définition de la complexion dans les termes de la qualité (*kayfiyya*), voir *Tab.*, I, 6, p. 36, 11.

rare et il faut pouvoir se souvenir du Prophète, de la nécessité de ses lois et, bien sûr, de Dieu, tout au long de plusieurs générations.

C'est donc à la lumière de cette explication, que l'on pourrait qualifier de « rationaliste », qu'Avicenne reconnaît la légitimité des diverses pratiques du culte religieux, et ici en particulier du culte islamique. Son discours – on l'a déjà remarqué – tout en étant général, est construit autour des devoirs religieux de l'Islam : les cinq prières quotidiennes, le jeûne, le pèlerinage et la « guerre sainte »[1].

La prière, dite ou prononcée plusieurs fois, à savoir plusieurs fois dans la journée, selon un rythme précis, toujours accompagnée de la formulation d'intentions spécifiques et d'expressions verbales précises, produit chez l'homme le souvenir de son créateur et l'en rapproche[2]. Le but des actes cultuels est donc d'éveiller et de maintenir l'attention de l'homme vers Dieu. En tant que tels, les actes de culte peuvent être des actions telles que la prière, avec les gestes et la dimension corporelle qu'implique la prière islamique, mais aussi des inactions comme le jeûne, qui est « quelque chose de privatif » ou de « non existentiel »[3]. Certains actes cultuels s'expliquent parfaitement à la lumière de la dimension politique, et donc théologico-politique : c'est, par exemple, dans l'intérêt de la communauté, et non seulement pour se souvenir de Dieu, qu'existent le pèlerinage et le « combat dans la voie de Dieu » (la « guerre sainte », le ǧihād)[4].

Dans ce contexte il faut alors noter la distinction qu'Avicenne opère entre la masse des hommes et l'élite (al-ḫāṣṣa). La fin essentielle des actes cultuels, c'est de se souvenir de Dieu ; mais dans le cas des personnes communes, les préceptes religieux jouent un rôle essentiel, non seulement pour leur vie religieuse et donc en vue de l'au-delà céleste (l'eschatologie), mais aussi pour leur vie terrestre, à savoir

---

1. *Ilāh.*, X, 3. Et encore deux remarques implicites : Avicenne parle de la prophétie islamique qui résume en elle la série des prophètes précédents, mais pour cette même raison il parle aussi en général de la prophétie ; la question de la possibilité d'un prophète après Muhammad reste ouverte ou pour mieux dire les raisons métaphysiques de l'existence d'un « sceau des prophètes » sont difficiles à repérer.

2. Pour la prière, *cf.* l'*Épître sur la quiddité de la prière*, cf. *Traités mystiques d'Abou Ali al-Hosain b. Abdallah b. Sina ou d'Avicenne*, par M. A. F. Mehren (éd.), fasc. III, Leyde, Brill, 1894 (Traité sur la nature de la Prière) où l'on distingue entre la prière extérieure (ẓāhira) et pratique ou corporelle (riyyāḍiyya, badaniyya) et la prière intérieure (bāṭina) qui est spirituelle (rūḥāniyya).

3. Le jeûne implique une intention de privation : *ma'nā 'adamī* : *Ilāh.* X, 3, p. 444, 10.

4. *Ilāh.*, X, 3, p. 444, 7-446, 16. Avicenne intègre donc dans son système l'idée de la guerre sainte ; cf. *Ilāh.*, X, 5, p. 453, 1-5 ; 453, 10-454, 4.

pour l'organisation sociale elle-même. Aux dispositions dont on parle, il faut que d'autres intérêts s'entremêlent « pour renforcer et étendre la coutume de la loi ». Sans le souvenir de Dieu, l'obéissance à ses lois serait impossible[1]. Les rapports entre la dimension politique et la dimension religieuse du message prophétique sont en ce sens expliqués par l'élitisme que la philosophie avicennienne recèle à plusieurs points de vue. S'il est vrai que les actes cultuels revêtent en général pour les hommes une fonction politique – et qui l'est de façon éminente –, dans le cas de l'élite, l'utilité des actes cultuels se limite à la vie du retour. Plus précisément, les actes de culte aident l'âme à se libérer de son attachement au corps et à se préparer à atteindre le bonheur de l'au-delà. En dehors des limites cognitives des masses des hommes communs, les actes cultuels n'ont pas de fonction politique : la fonction du politique se réalise dans la conduite des masses qui n'ont aucun accès à la vérité, ou du moins à la vérité telle que la philosophie l'exprime. L'élitisme se retrouve d'ailleurs – il faut le rappeler – dans un aspect de la métaphysique plus strictement et intimement lié à la vie de l'individu, à savoir le destin individuel de l'âme. En eschatologie, le destin de l'âme du philosophe, qui devient un monde intellectuel, est séparé du destin de l'âme de l'homme immergé dans la vie normale et son côté imaginatif. Avicenne fait ici référence, de manière explicite, à la différence qu'il a établie en *Ilāhiyyāt*, IX, 7 entre le retour « réel » et celui qui est seulement imaginal et sensible[2]. Sur le fond, on serait tenté d'y lire la conviction que le philosophe est capable de vivre sa propre vie intellectuelle sans devoir recourir aux pratiques du culte et de la société[3].

C'est alors éminemment du point de vue des masses que l'aspect religieux de la prophétie est pour ainsi dire soumis à son aspect politique, tandis que pour l'élite l'aspect politique est presque inexistant et l'aspect religieux a un sens exactement parce qu'il coïncide avec la vérité, laquelle est en soi philosophique[4].

Le discours se fait proprement théologico-politique dans les deux dernières sections du texte ; il s'agit alors de légitimer les préceptes islamiques. Le texte de *Ilāhiyyāt* X, 4 est consacré à l'organisation de

---

1. *Ilāh.*, X, 3, p. 441, 11-446, 16.

2. J'ai proposé des remarques à ce propos dans O. L. Lizzini, « Desiderio di sapere, piacere dell'intelletto ed elitarismo ... », *op. cit.*, p. 75-92.

3. *Ilāh.*, X, 3, p. 445, 11-446, 16. Il serait alors un « solitaire ».

4. À travers les cultes, ceux qui peuvent (les philosophes) apprennent à s'orienter du côté de la Réalité, du Vrai (*ğihat al-ḥaqq*), et à s'éloigner ou à se libérer de ce qui est vain (*bāṭil*) : *Ilāh.*, X, 3, p. 446, 6-7.

la société. Avicenne y montre la légitimité qu'il faut octroyer sur le plan rationnel aux autres préceptes de l'islam : l'interdiction de tirer des intérêts du prêt et du jeu ; la législation sur les impôts et sur le butin de guerre ; la réglementation du mariage, l'invitation à le contracter et la justification des règles qui permettent de le dissoudre. Le mariage est considéré comme le fondement des relations sociales : il est essentiel pour la descendance et pour le patrimoine, et le politique inclut donc la famille ou le domestique ; mais il est également reconnu dans le rôle qu'il a pour l'individu. Si la nature universelle (l'espèce à laquelle Avicenne se réfère ici de façon explicite[1]) explique le mariage par rapport à la société, la nature particulière de l'individu l'explique par rapport au besoin, celui de l'homme comme celui de la femme, d'atteindre l'amour et le bonheur et de satisfaire le désir sexuel[2]. Le fait que le mariage décrit par Avicenne soit celui conçu par les règles islamiques de la polygamie s'explique évidemment par le contexte ; mais reste la question du mariage dans d'autres cadres religieux, car si le discours d'Avicenne est théorique, il doit pouvoir s'appliquer à d'autres contextes culturels[3].

L'intention d'Avicenne de repérer une légitimité au niveau rationnel pour la loi islamique, et de construire ainsi une sorte de philosophie politique qui justifie les préceptes de la religion, trouve son accomplissement dans la dernière section. Avicenne explique les raisons de la succession au pouvoir du califat, les méthodes de choix du calife, et il illustre les cas dans lesquels le calife est considéré comme légitime. En outre, dans le souci d'expliquer tous les plans de la vie sociale, Avicenne discute de l'esclavage, de l'interdiction du prêt à intérêt, de la guerre et de la relation avec les autres sociétés « justes ». Ici aussi, Avicenne distingue ce qui est conçu en relation avec la société et ce qui est conçu à la lumière de la vie individuelle. Il explique ainsi la nécessité de laisser un espace à l'initiative juridique personnelle pour faire front aux particularités et à la variabilité de la vie des individus. On retrouve ainsi le thème métaphysique de l'individu qui, d'un côté, métaphysiquement, n'est que

---

1. *Ilāh.*, X, 3, p. 448, 15.

2. *Ilāh.*, X, 3, p. 448, 10-451, 8 : Avicenne parle du mariage en tant que fondement de la société, mais il reconnaît aussi sa dimension privée, celle qui concerne l'amour, le plaisir sexuel (de l'homme et de la femme ; et X, 3, p. 451, 3-4 semble suggérer que le plaisir de la femme est même supérieur à celui de l'homme), et donc même la possibilité d'annuler un mariage qui ne soit pas heureux.

3. L'interprétation ici donnée insiste sur l'universalité de la philosophie : c'est à la lumière de la philosophie que les préceptes de l'Islam sont d'abord expliqués et donc justifiés ; mais on pourrait objecter que c'est justement l'Islam et non la religion en général qui est expliqué ; pour cette objection, *cf.* infra dans la note l'hypothèse d'Alper.

l'individu générique, « diffusé », dans les individus en général ; et de l'autre, celui de l'individu qui existe concrètement. Encore une fois, le discours se veut universel : c'est précisément en raison de son universalité que l'on déduit la légitimité de la loi islamique.

La prophétie est donc la raison ultime de la société, et la métaphysique est la raison ultime de la prophétie. Mais comment faut-il organiser la société et, par conséquent, le politique ? Avicenne l'explique dans la quatrième section en reprenant clairement la *République* de Platon (sur laquelle al-Fārābī avait déjà travaillé) :

> Le premier but du Législateur, quand il établit des lois, doit être d'ordonner la cité selon trois parties : les administrateurs, les techniciens, et les gardiens[1]. Qu'il établisse pour chacun de ces genres un chef ayant sous lui des [sous-]chefs qui le suivent et qui, à leur tour, ont des [sous-]chefs qui les suivent, jusqu'à ce qu'on arrive au tout menu peuple, de sorte qu'il n'y ait aucun chômeur dans la cité, sans poste déterminé, mais que chacun puisse être utile à la cité. Que l'oisiveté et le chômage soient défendus […][2].

La hiérarchie et l'activité sont le fondement de la société pour Avicenne. Non seulement chaque regroupement de la cité doit être soumis à un chef responsable[3], mais, en outre, personne ne peut rester inactif dans la société : si bien que l'oisiveté est en soi interdite. Cela dit, la société est pour tous ; tous ceux qui sont inactifs à cause d'un empêchement (une maladie, par exemple), doivent être protégés et pris en charge[4]. Un système de capital commun doit donc être organisé. Avicenne nomme alors les impôts, les amendes et le butin : « les biens de ceux qui s'opposent à la loi »[5]. C'est en vertu de l'intérêt commun que la société et sa vie sont expliquées. Toute activité qui ne répond pas à un échange se révèle donc

---

1. Platon, *Resp.* IV ; cf. *Cor.* LXXXII, 10-11. Pour les différentes interprétations du texte de Platon, *cf.* au moins E. Brown, « Plato's Ethics and Politics in *The Republic* », in *The Stanford Encyclopedia of Philosophy* (Fall 2017 Edition), Edward N. Zalta (ed.), URL = https://plato.stanford.edu/archives/fall2017/entries/plato-ethics-politics/ ; et sur *Les Lois*, *cf.* Ch. Bobonich and K. Meadows, « Plato on utopia », in *The Stanford Encyclopedia of Philosophy* (Spring 2018 Edition), Edward N. Zalta (ed.), URL = https://plato.stanford.edu/archives/spr2018/entries/plato-utopia/.

2. *Ilāh.*, X, 4, p. 447, 4-12 en particulier *cf.* 4-6.

3. Le lexique de la hiérarchie que l'on trouve ici exprime les lois de tout système organisé ; il est le même que celui qu'utilise Avicenne pour la métaphysique, la médecine etc. J'ai proposé quelques remarques à ce propos, dans O. L. Lizzini, « Utility and gratuitousness of Metaphysics in Avicenna (*Ilāhiyyāt*, I, 3) », *Quaestio*, t. 5, 2005, p. 205-243.

4. De manière explicite Avicenne qualifie d'horrible la suppression des malades : cf. *Ilāh.*, X, 4, p. 447, 10-18.

5. *Ilāh.*, X, 4, p. 447, 14.

interdite : les jeux de hasard, où l'on paye sans rien obtenir d'autre que le jeu lui-même, doivent être interdits ; ce qui, évidemment, est un des préceptes de l'Islam. L'usure, également, doit être interdite : elle conduit à oublier que pour gagner sa vie il faut travailler et, de ce fait même, elle constitue un moyen de corruption de la société. De même, c'est toujours en vertu de l'intérêt commun qu'il faut aussi interdire des actes qui, même s'ils appartiennent à la sphère de la vie privée des individus, affectent la société : tout rapport en dehors du mariage délégitime celui-ci, alors que le mariage est très utile à la société parce qu'il est la garantie de la génération, de l'éducation des êtres générés et donc de la perpétuation de l'humanité. Le mariage assure la permanence de l'espèce (Avicenne dit ici « des espèces ») et il établit des règles sûres en matière de partage des richesses[1].

PHILOSOPHIE ET PROPHÉTIE

Voilà donc ce qu'Avicenne fait clairement dans le Xe traité de la *Métaphysique* du *Livre de la Guérison* : la prophétie est présentée comme un instrument de la nécessité métaphysique[2]. La société, la coopération, les lois dont l'homme a besoin pour vivre ne sont possibles que grâce à

---

1. *Ilāh.*, X, 4. On ne s'arrêtera pas sur les mots qu'Avicenne consacre aux aspects les plus intimes et liés à la vie individuelle en ce qui concerne le mariage, mais on ne peut s'empêcher de considérer une certaine humanité, presque une tendresse, dans sa description de l'amour (*al-maḥabba* : « la plus grande cause du bien », *cf.* p. 449, 8), et cela en dépit du fait que la femme soit conçue de façon stéréotypée (elle ne doit pas vraiment avoir droit de parole en ce qui concerne le divorce) ; d'ailleurs, la description de l'amour n'empêche pas Avicenne de voir avec une certaine sagesse la nécessité d'éviter des maux : si deux caractères ne peuvent pas s'accorder, il vaut mieux se séparer car autrement on causera de la souffrance. Le regard qu'Avicenne jette sur le mariage – institution fondamentale de la société – est très humain et en ce sens, on pourrait dire, tout à fait islamique : le mariage est un contrat qui a une fonction sociale fondamentale mais il doit servir aussi le but humain du plaisir, du bien-être et de la vie heureuse.

2. C'est encore le thème de la nécessité de la prophétie ; pour la mise au point de la question, *cf.* O. Lizzini, « Introduction », à J.-B. Brenet et O. L. Lizzini, *Avicenne ? Épître sur les prophéties, op. cit.*, p. 28-32 ; et encore *Ilāh.*, X, 2. L'hypothèse de Ömer Mahir Alper, « The Epistemological Value of Scriptural Statements in Avicenna : Can Religious Propositions Provide the Premises of Philosophical Demonstrations ? », dans T. Kirby, R. Acar and B. Baş (eds.), *Philosophy and the Abrahamic Religions : Scriptural Hermeneutics and Epistemology*, Cambridge, Cambridge Scholars Publishing, 2013, p. 175-190, en part. p. 177-178, est tout autre : la métaphysique ne dominerait que le discours théorétique du système avicennien ; l'éthique dépendrait du Texte révélé et de la prophétie, là où le signe de la transcendance du prophète en serait comme la preuve. Cette conclusion ne tient pas compte – je crois – de la légitimation métaphysique de la prophétie elle-même.

un législateur; mais un seul législateur peut garantir d'être suivi par les hommes avec la continuité nécessaire à la vie de la société et de l'espèce : celui qui exprime la loi sur la base de l'enseignement divin, à savoir à travers la prédication et les miracles. C'est le signe de l'altérité (voire de la transcendance) que les hommes reconnaissent dans le prophète, et c'est en raison de cette altérité foncière que les hommes lui obéissent, en assurant ainsi la vie commune et enfin la permanence de l'espèce qui constituent leur fin. En tant que fondement de la vie sociale, la prophétie est donc essentielle à la pérennité de l'espèce humaine et elle est nécessaire à la nature. La complexion parfaite qui explique l'existence du prophète ne peut être que rarement atteinte; néanmoins, tout en étant un événement exceptionnel, elle manifeste une nécessité qui dépend des lois métaphysiques régissant la nature elle-même [1].

La prophétie apparaît donc à la fois dans sa fonction purement religieuse, en tant que fondement de la foi et de l'eschatologie, et dans sa fonction politique : la création de la société; mais la première fonction se révèle instrumentale par rapport à la seconde. La prophétie, tout comme la dimension politique du religieux (après le prophète, la direction de la société revient à son « successeur » ou « vicaire », le calife : *al-ḫalīfa*), est alors intégrée dans la métaphysique, car la constitution, la conservation et le bon fonctionnement de la société sont à leur tour nécessaires à la conservation de l'espèce. S'il est donc vrai qu'en suivant Platon, et au moins en partie al-Fārābī, Avicenne présente la cité dans son organisation tripartite – et cela, selon les devoirs, les dispositions et les vocations de ses citoyens –, il est vrai aussi qu'il soumet la dimension politique et sociale de l'homme à la « nature universelle » et donc, finalement, à la métaphysique elle-même. La prophétie, élément fondateur de l'Islam, et le califat qui en dérive sont en ce sens insérés par Avicenne dans un contexte qui se révèle transcendant et fondamental par rapport à l'Islam lui-même : c'est la métaphysique qui explique tout à la fois le religieux et le politique. N'étant qu'une des expressions du « flux divin », le flux d'être qui explique le système avicennien dans son ensemble, la prophétie, avec les institutions qui en découlent, est nécessaire, mais la fondation de sa nécessité s'inscrit dans la métaphysique, voire dans la philosophie, et non pas dans la religion.

En conclusion, Avicenne traite du théologico-politique à la lumière de la métaphysique et implique donc dans la discussion plusieurs thèmes de sa philosophie : le souci de fonder une société juste – la référence à la

---

1. Cf. *Ilāh.*, X, 3, p. 443, 16-18 et *supra*, p. XXX ; et déjà L. Gardet, *La pensée religieuse d'Avicenne*, Paris, Vrin, 1951, p. 125-128.

République de Platon (et à la discussion farabienne) est ici essentielle – ; l'explication métaphysique de la prophétie et de l'eschatologie, et finalement l'élitisme qui soutient les deux ; et le rôle même de la philosophie.

Le théologico-politique chez Avicenne serait incompréhensible sans la référence à la conclusion de la métaphysique elle-même où Avicenne se réfère au prophète comme au « Seigneur parmi les hommes »[1]. En même temps c'est la métaphysique qui explique la prophétie, et non le contraire. Sur le plan de la connaissance, le prophète ne sait rien de plus que le philosophe : le prophète n'a pas accès à un monde invisible auquel la philosophie n'arriverait pas ; il a accès au monde céleste et ce monde, tout comme la réalité en tant que telle, c'est à la philosophie de le définir et de le déchiffrer. S'il est vrai qu'en ce sens, le prophète est *comme* le philosophe (c'est le sens de l'intellect saint, à savoir de la propriété intellectuelle de la prophétie), il est aussi vrai que, sur le plan de la connaissance intellectuelle, le primat va à la philosophie : c'est la philosophie qui définit la connaissance, y compris celle du prophète. Sur le plan politique, en revanche, la primauté appartient au prophète et non pas au philosophe. C'est le prophète, non le philosophe, qui est un « Seigneur parmi les hommes »[2].

Pourquoi donc la philosophie, qui explique tout, n'aurait-elle pas la primauté politique ? Parce que, serait-on tenté de répondre, la philosophie est une activité théorétique et qu'en ce sens elle est tout à fait individuelle et en soi *non politique*[3]. Le retour, que la philosophie explique, est individuel : l'âme individuelle du philosophe devient « un monde intellectuel ». Au contraire, la prophétie a en soi une dimension sociale et politique. Le message communiqué par *waḥy* doit être diffusé et concerne

---

1. *Rabb insānī* : cf. *infra* p. XXX. *Cf.* aussi M. Sebti, « La doctrine politique d'Avicenne ou quand le philosophe déserte la cité », dans M. Nachi (dir.), *Actualité du compromis. La construction politique de la différence*, Paris, Armand Colin, 2011, p. 224-239.

2. *Ilāh.* X, 5, p. 455, 14-16 : « Celui chez qui vient s'ajouter à ces vertus [tempérance, sagesse et courage] la sagesse spéculative, c'est un homme heureux. Celui qui, en plus de cela, a en partage des vertus prophétiques, est presque un Seigneur humain [*rabb insānī* ; *Deus humanus*] et il devient presque licite qu'on lui rende, après Dieu, un culte. Il est le le maître du monde terrestre et le vicaire de Dieu [dans le monde] ». (Trad. fr. G. C. Anawati, légèrement modifiée : *La métaphysique du Shifā'...*, p. 189). Il y a ici comme un renversement de la théorie politique platonicienne : ce n'est pas le philosophe mais le prophète qui est au sommet de la société. La philosophie pourtant interprète et comprend le tout. Quant à la formule, qui a eu une certaine diffusion dans le Moyen Âge latin, *cf.* par ex. la locution de Dante : *un altro Iddio incarnato* in *Conv.* IV, XXI, 10.

3. Si la justice est la forme de vertu qui rend possible les autres pour Platon (cf. *Resp.*, 433b), pour Avicenne elle est externe à la vertu spéculative (*Ilāh.* X, 5, p. 455, 13-14).

en principe l'humanité tout entière[1]. La primauté de la prophétie est donc politique : la prophétie est nécessaire pour fonder la société, aucune société ne peut s'expliquer en dehors de la prophétie. Pourtant, la définition duelle de cette distinction – d'un côté la dimension pour ainsi dire individuelle du philosophe, de l'autre la dimension sociale et politique du prophète – renvoie nécessairement à la philosophie qui, du fait de son universalité, doit pouvoir tout expliquer : si c'est la philosophie qui explique le tout, la primauté ultime revient à la philosophie. Le fondement théorétique de la prophétie est en fait métaphysique : « la prophétie donne raison de la fondation de la société », et celle-ci est une proposition prononcée par la philosophie, non par la religion, dont relève la prophétie[2]. Voilà pourquoi, si cette interprétation est correcte, on pourrait même conclure qu'à la rigueur on ne peut pas parler, pour Avicenne, de théologico-politique, mais seulement de l'extension universelle de la métaphysique[3].

---

1. V. A. J. Wensinck et A. Rippin, « Waḥy », dans *E. I.*[2]; A. Saaed, « Revelation », *in* O. Leaman (ed.), *The Qur'an : an Encyclopaedia*, New York, Routledge, 2007, p. 540-543.

2. C'est la philosophie qui comprend le sens du message prophétique ; *cf.* aussi W. Morris, « The Philosopher-Prophet in Avicenna's Political Philosophy », *in* C. Butterworth (ed.), *The Political Aspects of Islamic Philosophy : Essays in Honor of M. S. Mahdi*, Cambridge (Mass.), Harvard University Press, 1992, p. 152-198.

3. Ce qui évidemment le rapproche encore de Platon.

THOMAS D'AQUIN ET LA RENAISSANCE
DE LA SCIENCE POLITIQUE AU XIIIᵉ SIÈCLE

FRANÇOIS DAGUET

C'est un lieu commun de l'enseignement des sciences politiques que de faire remonter l'éclosion de la pensée politique moderne au XVIᵉ siècle. Les ouvrages de Pierre Manent ont amplement montré ce que les écoles de pensée doivent à Machiavel, Hobbes et à tous ces grands anciens qui sont autant d'auteurs incontournables pour comprendre les édifices politiques contemporains. Remontant dans le temps, aux siècles qui précèdent cette éclosion, André de Muralt a mis en lumière ce que les premiers modernes doivent au tournant philosophique du XIVᵉ et du XVᵉ siècle, illustré notamment par Jean Duns Scot et Guillaume d'Occam. Or cette évolution profonde de la pensée philosophique au XIVᵉ siècle se situe elle-même en réaction aux conceptions dominantes du siècle précédent, au premier chef celles de Thomas d'Aquin. Cela vaut généralement pour de nombreux pans de la philosophie et de la théologie, mais aussi pour la pensée politique, disons pour la science politique, tels qu'Aristote et Thomas d'Aquin l'entendent, à savoir comme une partie de la philosophie (cette acception la distingue du sens donné par les sciences sociales contemporaines, qui visent davantage à décrire et à analyser les phénomènes de la vie de la cité).

En fait, les travaux que l'on a pu mener depuis quelques années montrent que c'est largement en référence aux écrits de Thomas d'Aquin que vont se situer les penseurs du politique ultérieurs, soit pour s'inscrire dans son sillon, soit pour s'en distinguer ou s'y opposer. Dans tous les cas, il semble bien tenir un rôle de référence, alors même que sa pensée politique est demeurée jusqu'à présent à peu près méconnue. Les raisons sont nombreuses de cette méconnaissance quasi générale. Sans développer le discrédit dont il est l'objet, spécialement dans l'enseignement ecclésiastique, depuis une cinquantaine d'années, elle tient aussi à des raisons purement pratiques. Les aspects politiques de ses œuvres, si présents soient-ils, ne sont presque nulle part présentés de façon synthétique. Les domaines où apparaissent des enseignements homogènes à travers un traité ou des questions particulières : la loi, les vertus de justice et de prudence, sont précisément ceux qui ont le plus retenu les commentateurs. Mais en dehors de ces domaines particuliers assez aisément individualisables, les propos de saint Thomas en matière politique sont dispersés, apparaissent dans toutes ses œuvres, au détour d'une question ou d'un article, parfois là où on ne s'attend guère à les y rencontrer. Ce simple fait rend la chose difficilement identifiable. Cependant, si l'on surmonte cet obstacle de la dispersion, si l'on collationne les nombreux développements politiques dont ses œuvres sont constellées, on découvre une pensée cohérente et de grande ampleur, qui tend à se saisir de toutes les grandes questions qui animent la philosophie politique depuis la période gréco-romaine[1]. C'est cet ensemble cohérent, quoique non systématique, qui nous semble marquer un tournant dans l'ensemble de la pensée politique, à la fois par l'impact qu'il a eu sur les générations qui suivent et par le renouveau qu'il apporte au regard des conceptions dominantes à son époque.

Pour prendre la mesure de la nouveauté de la pensée de Thomas au milieu du XIIIe siècle, il faut se rapporter à la situation assez complexe des sociétés de son temps. D'un côté, la réforme grégorienne et le développement des échanges ont suscité, dès le XIIe siècle, un renouveau du droit, spécialement canonique, dans lequel s'est illustrée la faculté de Bologne, où enseigna Gratien. D'un autre côté, cette réforme engagée par Grégoire VII se caractérise, plus ou moins explicitement, par une primauté de l'ordre ecclésial sur l'ordre temporel, et par là par une primauté de la Révélation sur l'organisation rationnelle des sociétés. Pour saint Bernard, dont l'impact sur son époque associé à celui de l'ordre cistercien est considérable, la chrétienté a vocation à être réellement une réalisation du Royaume de Dieu ici-bas. L'approche immédiatement théologale l'emporte sur toute conception rationnelle. On perçoit, dans ces conditions, que la logique spirituelle de la *Cité de Dieu* de saint Augustin ait pu éclairer la compréhension de l'ordre politique dans son ensemble.

On sait les discussions suscitées par le livre de Mgr Arquillière, *L'augustinisme politique*[2], mais il nous semble qu'il a bien exprimé

---

1. C'est ce que nous avons cherché à montrer dans notre ouvrage *Du politique chez Thomas d'Aquin*, Paris, Vrin, 2017[2].

2. H.-X. Arquillière, *L'augustinisme politique, essai sur la formation des théories politiques du Moyen Âge*, Paris, Vrin, 1972.

la conception dominante aux XIIe et XIIIe siècle en tenant que, pour la plupart des auteurs et acteurs ecclésiastiques, l'autorité temporelle doit être subordonnée à l'autorité religieuse. Si une telle prétention n'est pas formulée par saint Augustin dans son traité, qui envisage en fait le combat opposant deux cités de nature spirituelle, on comprend que la transposition temporelle de sa problématique spirituelle à l'Église et à la cité politique puisse aboutir à une telle approche : la primauté spirituelle de la cité de Dieu est alors comprise comme signifiant celle de l'Église sur la cité. Mgr Arquillière a montré que, loin d'être une question personnelle, la conception de la primauté pontificale chez Grégoire VII reposait sur la conviction qu'un principe d'unité transcendant « dominait à la fois la juridiction pontificale et le pouvoir royal : l'Église »[1]. Cette prérogative pontificale, qui va jusqu'au pouvoir de déposition des souverains, doit être affirmée, « parce qu'à ses yeux les rois et les empereurs sont dans l'Église, font partie intégrante de l'Église – et qu'au-dessus des nations diverses qui forment la chrétienté, il n'aperçoit que l'Église, dont il est le chef »[2]. La chrétienté latine au Moyen Âge ne se situe pas face aux pouvoirs politiques, comme au temps où la force de l'Empire byzantin prétendait s'imposer au pape Gélase. Entre ces deux époques, une longue transformation s'est produite, qui se cristallise, en quelque sorte, à l'époque grégorienne. Comme l'écrit encore Mgr Arquillière, « l'idée romaine de l'État s'était lentement effritée sous l'érosion de l'augustinisme politique »[3].

Il apparaît ainsi que les causes les plus profondes d'une telle conception sont d'ordre philosophique et théologique. Mgr Arquillière l'a bien exprimé : « l'Église semble remplir tout l'horizon et les puissances séculières n'existent légitimement que dans et par l'Église. Le droit naturel de l'État paraît bien s'être éclipsé dans la pensée pontificale »[4]. La théocratie pontificale, dite encore grégorianisme politique, repose en fait sur des fondements philosophiques qui ne reconnaissent pas la constitution naturelle de l'ordre politique, et de l'État qui en est la figure et la forme, quelles que soient sa dénomination et la genèse de sa formation. L'étude de théologie historique de H.-X. Arquillière montre comment on s'est éloigné insensiblement, siècle après siècle, des conceptions pauliniennes sur les pouvoirs constitués pour aboutir aux affirmations grégoriennes. La parole du Christ demandant de rendre à César ce qui est à César et à

1. *Ibid.*, p. 31.
2. *Ibid.*, p. 32.
3. *Ibid.*
4. H.-X. Arquillière, *L'augustinisme politique, essai sur la formation des théories politiques du Moyen Âge, op. cit.*, p. 35.

Dieu ce qui est à Dieu, derrière une apparente simplicité, suscite de fait de multiples interprétations.

C'est précisément sur ce point que l'apport de saint Thomas va s'avérer déterminant, qui consiste à reconnaître la consistance naturelle de l'ordre politique, sa réalité profane, ce qui conduira, notamment, à renouveler alors la compréhension de la relation entre les deux pouvoirs. Sans doute, tel n'était pas le projet immédiat de Thomas d'Aquin dans ses écrits politiques, mais il apparaît bien que tel en fut le résultat. Thomas donne toute sa place à l'œuvre de la raison naturelle. *Lex est aliquid rationis*[1], la loi relève de la raison, et *regere et gubernare proprie rationis est*[2] : ces quelques mots ouvrent la voie à une élaboration rationnelle de l'ordre politique.

C'est ce qui nous semble provoquer plus qu'un renouveau, une véritable renaissance de la pensée politique. Pour le développer rapidement, on évoquera dans un premier temps la cause occasionnelle de cette transformation, puis son application particulière au domaine de la loi, avant d'envisager ses conséquences induites dans les relations entre les cités et l'Église.

L'Apport de la philosophie pratique d'Aristote

L'élément occasionnel, en quelque sorte, de la transformation qui s'opère tient à la redécouverte de la *Politique* d'Aristote et à l'usage qu'en fait saint Thomas. La connaissance par saint Thomas des traités aristotéliciens sur l'éthique et la politique est déterminante pour la compréhension de sa pensée politique. L'*Éthique à Nicomaque* et la *Politique* d'Aristote ont chacun fait l'objet d'un commentaire de la part de Thomas. Tous deux se rapportent à la période du second enseignement parisien, soit entre 1269 et 1272[3]. Le commentaire de l'*Éthique*, qui est un commentaire assez littéral de l'œuvre, peut être situé plus précisément vers 1271-1272, contemporain de la rédaction de la II[a] *Pars*, qui porte la marque de sa connaissance, de même que le commentaire de la *Politique*, qui est du même genre littéraire[4]. Ce dernier, cependant, est inachevé,

---

1. I[a] II[ae], q. 90, art. 1, c.
2. II II q. 47, art. 12, c.
3. Voir J.-P. Torrell, *Initiation à saint Thomas d'Aquin, sa personne et son œuvre*, Freiburg-Paris, Éditions universitaires-Le Cerf, 2002[2].
4. Les références à l'*Éthique à Nicomaque* et à la *Politique* sont nombreuses dès la I[a] II[ae], et témoignent que les principes structurants de la politique aristotélicienne, comme la relation des parties au tout, sont pleinement assimilés par Thomas lorsqu'il commence la rédaction de la seconde partie de la *Somme*.

puisqu'il s'arrête au Livre III, 6 (Bekker 1280a6); les éditions imprimées ajoutent le plus souvent le complément au commentaire de Thomas rédigé par Pierre d'Auvergne[1]. Si le genre littéraire du commentaire vise à illustrer la pensée de l'auteur de référence, son caractère littéral n'empêche pas saint Thomas de manifester à l'occasion sa propre pensée, qui s'éloigne parfois de celle d'Aristote. Le bref préambule qui ouvre son commentaire de la *Politique*, où il exprime ses propres façons de voir, est éclairant à cet égard.

À la différence de l'*Éthique*, la *Politique* d'Aristote est une découverte récente lorsque Thomas s'en saisit pour y puiser la structure de sa pensée du politique. Elle a été traduite en latin, à deux reprises, par le dominicain Guillaume de Moerbeke, d'abord de façon incomplète entre 1260 et 1264, puis, de façon complète, en 1265. Ses deux premiers commentateurs sont Albert le Grand[2], peut-être entre 1263 et 1267, et Thomas d'Aquin quelques années plus tard. Les études menées jusqu'à présent ne permettent pas de dire avec certitude si Thomas a connu le commentaire de son ancien maître Albert (qu'il a quitté à Cologne, en 1251 ou 1252, pour venir enseigner à Paris), et si celui-ci l'a influencé dans sa propre lecture du traité d'Aristote.

L'influence des deux grands traités aristotéliciens est manifeste dans toute la II[a] *Pars* de la *Somme de théologie*. Elle éclaire la compréhension des quelques traités à teneur politique que l'on a indiqués : celui de la loi (I[a] II[ae], q. 90-108), de la prudence (II[a] II[ae], q. 47-56, spécialement q. 47, art. 10 à 12) et de la justice (I[a] II[ae], q. 57-80), mais également les principes généraux du politique qui apparaissent dans quantité de lieux.

Les commentaires de l'*Éthique* et de la *Politique* témoignent d'une assimilation rapide et quasi intégrale de la philosophie pratique aristotélicienne, même si Thomas, dans ses écrits, fait toujours œuvre de théologien. Ces commentaires, et leurs applications dans la *Somme de théologie*, sont les lieux principaux où s'expriment les conceptions thomasiennes du politique. Il faut ajouter pour mémoire un opuscule inachevé, le *De regimine principum*, qui traite essentiellement de la forme monarchique de l'organisation constitutionnelle et qui a suscité des interprétations controversées.

---

1. Les raisons de l'inachèvement du commentaire sont inconnues, mais on doit constater que l'interruption se produit lorsqu'Aristote commence à entreprendre l'étude des différents types de constitution.

2. Albert le grand, *Commentarium in octo libros Politicorum Aristotelis*, éd. A. Borgnet, *B. Alberti Magni opera omnia*, t. VIII, Paris, Vivès, 1891.

Il n'est pas possible de reprendre en détail les lieux essentiels traités par saint Thomas, qui appellent des développements conséquents. On se bornera à rappeler quelques conclusions :

1) L'ordre politique, pour chacun et pour tous ensemble, est inscrit dans la nature de l'homme : celle-ci est porteuse d'une dimension communautaire, qui ne lui est pas accidentelle. Pour Thomas, le bien de la partie est ordonné au bien du tout. La vie en commun culmine dans la vie de la cité qui est, à cet égard, la communauté parfaite.

2) Le monde commun, qui réunit une multitude de parties en un tout, est finalisé par un bien qui est d'ordre moral. Loin d'être juxtaposées ou séparables, la morale et la politique constituent à elles deux la vie pratique, et la politique en est l'aboutissement plénier.

3) L'édification de l'ordre politique relève avant tout de la raison naturelle. L'organisation de la cité à travers son régime, ses lois, son gouvernement prudentiel... tout cela exprime la rationalité de l'ordre politique.

4) Cet ordre politique rationnel appelle la coopération de la grâce, non seulement parce que l'exercice de la raison pratique peut être dévié, mais encore parce que la fin de l'homme et des communautés est, ultimement, d'ordre surnaturel. La contribution de l'Église à l'ordre politique se comprend d'abord dans ce concours de la grâce. Thomas est le penseur d'une « politique intégrale », qui mobilise les deux niveaux de l'existence humaine, naturel et surnaturel.

Il faut encore préciser que, si la conception thomasienne du politique donne les principes d'intelligibilité du monde commun, ceux-ci ne deviennent concrets que dans la confrontation à une réalité sociale donnée. Thomas d'Aquin ne cherche pas à élaborer un modèle théorique qui serait à exécuter, à la façon d'un projet fixé d'avance, il entend d'abord saisir les principes susceptibles de valoir pour toute organisation politique. Et il le fait en se fondant sur la raison naturelle.

Si l'on tient ensemble la doctrine de saint Thomas sur la justice légale, la prudence politique et la loi, si l'on y adjoint la préférence pour un régime mixte et soumis à la loi, on est conduit à reconnaître que, plus encore qu'à une renaissance du droit, c'est à une véritable renaissance du politique que l'on assiste, au plein sens du terme. Il s'agit bien d'instaurer un ordre politique au sein de la communauté humaine, ordre dont la loi est l'instrument, la prudence royale (ou législative) la cause efficiente, et la justice la forme intérieure. Instauration d'un ordre politique au double sens du terme : ordre de tous les citoyens les uns par rapport aux autres, gouvernants compris, dans la commune soumission à la loi, et ordre qui n'a pas sa fin en lui-même, mais dans la quête d'un bien – le bien commun – qui est celui de tous en commun et de chacun en particulier. Et cette ordination au bien commun est le gage de l'unité de la communauté – unité d'ordre –, unité qui est un bien fondamental pour celle-ci mais qui est elle-même ordonnée au bien commun.

De cette renaissance du politique, le maître d'œuvre est donc la raison humaine, qui s'abreuve aux deux sources redécouvertes de la pensée grecque – ici aristotélicienne – et du droit romain. De la philosophie d'Aristote, saint Thomas reçoit l'extraordinaire confiance en la capacité de la raison à découvrir les principes de l'agir inscrits dans la nature humaine – chez Thomas les préceptes de la loi naturelle – et à les appliquer aux situations particulières. Le droit romain, de son côté, apporte avec l'art de légiférer l'instrument indispensable à l'organisation d'ensembles humains de plus en plus étendus. C'est pourquoi la renaissance de la loi est une composante essentielle de celle du politique dans son ensemble.

LE RENOUVEAU DU SENS DE LA LOI

Faute de pouvoir développer d'autres domaines, on retient ici celui de la loi, central dans la compréhension d'un ordre politique. La loi seule apporte ordre, stabilité et efficacité à une assemblée humaine donnée : « la loi est en quelque sorte l'art d'organiser et de régler la vie humaine »[1]. Les lois sont à la rencontre de l'universel et du singulier, car elles visent à faire prévaloir certains principes pérennes dans l'ordre des choses contingentes et souvent futures. Elles sont l'instrument essentiel de l'ordre politique, parce que par elles les gouvernants, exerçant leur prudence politique, cherchent à établir un ordre de justice et à édifier un bien commun au sein de la cité. Platon et Aristote l'avaient déjà saisi, Thomas d'Aquin le redit après eux : la loi est le grand pédagogue de la cité. C'est elle qui instaure une accoutumance sans laquelle le plus grand nombre des citoyens ne sauraient devenir meilleurs, c'est-à-dire, selon l'acception classique, progresser en vertu. En un mot, la loi est « l'acte le plus important de l'art politique »[2]. Commentant Aristote, Thomas affirme ainsi : « les chefs qui imposent une loi à leurs subordonnés jouent en matière civile le rôle des architectes en matière d'art »[3].

---

1. $I^a II^{ae}$, q. 104, art. 4, c.
2. La formule est d'E. L. Fortin, « Saint Thomas d'Aquin », dans L. Strauss et J. Cropsey (éd.), *Histoire de la philosophie politique*, Paris, P.U.F., 1994, p. 269-297, ici p. 280.
3. *Super Eth.*, 6, 7, 41-43.

Au temps de saint Thomas, la chrétienté latine retrouve le sens romain de la grandeur du droit pour assurer et construire le monde commun[1]. La conscience se répand que l'art de faire le droit, le *jus facere*, permet d'édifier les communautés politiques sur une base objective et générale, voire universelle, et non plus seulement sur la seule autorité du souverain[2].

Au cœur de ces évolutions se situe un facteur interne qui en est comme la forme doctrinale : le renouveau du droit naturel, ou de la loi naturelle, comme fondement des édifices juridiques et théologico-politiques. Déjà le *Décret* de Gratien, pourtant marqué par la primauté de l'Écriture sainte, l'affirme avec une force unique : « Le droit naturel prévaut sur toutes les lois en dignité comme en antiquité [...]. Tout ce qui a été reconnu par la coutume et recueilli par écrit et qui contredit le droit naturel doit être tenu pour nul et non avenu »[3]. Dans ce contexte, l'apport spécifique d'Aristote est celui des fondements philosophiques du droit naturel, qui permettent de délaisser une conception sacrale de celui-ci au profit d'une conception profane, plus proche de celle de Cicéron. Désormais tous les hommes, y compris les infidèles – ceux qui n'ont pas la foi chrétienne –, peuvent accéder à une connaissance partagée du juste, ce qui est essentiel pour l'édification d'un monde commun.

En traitant de la loi, saint Thomas se trouve ainsi au confluent de plusieurs mouvements de renouveau. Ses solides connaissances juridiques et sa maîtrise de la philosophie d'Aristote le conduisent à des élaborations amples et audacieuses, dans le domaine couvert par tout ce qui a trait à la loi et au droit. S'il ne vise pas à faire un traité général du droit ou de philosophie politique, il aboutit à un traité de la loi, dans la *Somme de théologie*, dont le caractère exceptionnel a toujours été relevé par ses commentateurs.

---

1. Sur la situation de la philosophie du droit aux XIIe et XIIIe siècles et sur les conceptions de saint Thomas, voir M. Villey, *La formation de la pensée juridique moderne, op. cit.* On se référera aussi à R. Hittinger, *Thomas Aquinas and the rule of law*, « Classici della filosofia contemporanea, Lezioni tomiste », Soveria Mannelli, Rubbettino, 2007, et « The legal renaissance of the 12th and 13th centuries : some thomistic notes », *Doctor Communis*, t. 1-2, 2008, p. 61-87.

2. Les Romains avaient un sens aigu de la grandeur de l'art de légiférer, au point qu'il est assimilé à un véritable culte. Ulpien écrit, dans les premières lignes du *Digeste* de Justinien : « De cet art, nous sommes à juste titre appelés les prêtres », *cf.* Justinien, *Digeste*, éd. Hulot & Berthelot, Metz, Behmer-Lamort, 1803.

3. Gratien, *Décret*, Dist. V, I et Dist. VIII, II, E. Friedberg (éd.), *Corpus Iuris Canonici*, Leipzig, Tauchnitz, 1879, t. I.

Certains ont pu s'étonner de l'ampleur de ce traité, et de la place qu'il tient dans la *Somme de théologie*[1]. C'est méconnaître aussi bien la place de la loi dans la Révélation judéo-chrétienne que la dimension communautaire de la vie humaine et du dessein divin de salut. C'est parce que les hommes partagent leur recherche du bonheur dans les différentes communautés auxquelles ils appartiennent, naturelles et surnaturelles, que la loi est si nécessaire, elle qui ordonne au bien commun : bien commun qui, étant celui de tous en commun et de chacun en particulier, engage aussi le bien singulier. Si l'on reconnaît qu'il revient au gouvernant, quel qu'il soit, de guider par sa prudence les hommes vers leur fin, alors nécessairement on comprend la place que joue la loi dans cet acheminement, de chacun et de tous, vers leur bien : elle est l'expression par excellence de la vertu de prudence politique. Si, au surplus, on se souvient de la place de la raison dans les choix libres que l'homme pose en vue de sa fin, alors l'importance de la loi, comprise comme lumière de la raison, est encore plus manifeste. Dans la vie des hommes en communauté, la loi est l'un des lieux éminents où s'exprime et se donne à voir le caractère rationnel de la conduite humaine.

Faute de pouvoir évoquer ici les innombrables observations appelées par ce traité, on se borne ici à deux remarques sur la conception thomasienne de la loi pour en préciser le caractère original et novateur. La première souligne que cette conception donne le primat à la raison, et non à la volonté. Les doctrines volontaristes, dominantes au temps de saint Thomas et souvent après lui, semblent surtout reposer sur le refus d'une régulation de la liberté par la raison. Pour Thomas, si la volonté oblige, c'est seulement en tant que régulée par la raison, sans quoi elle ne peut produire une loi juste, mais seulement une iniquité. Comme toujours lorsqu'on analyse l'agir humain, c'est le jeu conjoint de l'intelligence et de la volonté qui importe. La volonté, dans l'approche de Thomas, a la capacité de mettre en mouvement vers la fin. Mais ce mouvement suppose, d'une part, une connaissance de la fin qui ne peut venir que de la raison et, d'autre part, la détermination des moyens permettant de l'atteindre, qui relève également de la raison. La volonté est donc, sous ces deux

---

1. On notera que, dans la *Somme contre les gentils* (III, 111-121, en particulier), Thomas ne traite quasiment que de la loi divine, certes dans un contexte d'apologétique chrétienne marqué. L'influence aristotélicienne est très manifeste, en revanche, dans la *Somme de théologie*.

rapports essentiels, dépendante de la raison[1]. À ne pas reconnaître cette dépendance, le législateur s'enferme dans sa propre volonté. Le primat de la raison, tel que saint Thomas le conçoit, ne renvoie pas à un cadre ontologique imposant une quelconque nécessité à l'agir. Dans l'ordre de l'agir pratique, la contingence est reine. Mais il revient, comme on l'a vu, à la vertu de prudence de déterminer par un jugement pratique la bonne règle et la bonne mesure des actes, autrement dit la bonne loi en telle circonstance. L'approche de la loi, chez Thomas d'Aquin, est téléologique avant d'être déontologique.

La seconde remarque tient à l'association, dans l'unique traité de la loi, des lois divines propres à la Révélation judéo-chrétienne – loi ancienne et loi nouvelle selon la terminologie de saint Thomas – et des lois relevant de la raison humaine, par l'explicitation d'une loi naturelle qui est une « certaine impression » de la loi éternelle qui est en Dieu. On discerne ainsi comme deux lignes qui semblent avoir leur physionomie propre dans ce vaste panorama. D'un côté, une ligne « naturelle » qui englobe loi éternelle, loi naturelle et lois humaines ou civiles, ce que l'on nomme parfois le sous-traité de « la loi en général » (Iª IIᵃᵉ, q. 90 à 97). Il semble qu'on puisse en tirer une philosophie de la loi, une conception profane du monde commun, qui repose sur un être premier créateur et gouverneur du monde, qui donne toute sa place à l'œuvre humaine d'organisation de la cité. D'un autre côté, le sous-traité de « la loi divine », qui réunit loi ancienne et loi nouvelle (q. 98 à 108, voire 114), témoigne lui aussi d'une homogénéité propre, qu'il tire de sa source révélée.

Pour ceux qui privilégient le premier ensemble, la présence de ce sous-traité de la loi divine apparaît comme adventice, comme l'hommage que le théologien Thomas d'Aquin devait rendre à la Révélation[2]. Pour

1. Sur le commandement attaché à la loi, voir F. di Blasi, « Law as "Act of reason" and "Command" », *Nova et Vetera* (édition anglaise), t. 4/3, 2006, p. 515-528. En Iª IIᵃᵉ, q. 92, art. 2, c., saint Thomas écrit que la loi est une sentence de la raison (*dictamen rationis*) « sous forme de précepte (*per modum praecipiendi*) ». En Iª IIᵃᵉ, q. 17, art. 1, c., il a précisé que « commander est un acte de la raison qui présuppose un acte de la volonté, en vertu duquel la raison meut par son commandement à l'exercice de l'acte (*imperare sit actus rationis, praesupposito actu voluntatis, in cuius virtute ratio movet per imperium ad exercitium actus*) ; *cf.* Iª IIᵃᵉ, q. 90, art. 1, s. c. qui s'y réfère.

2. La saisie isolée du sous-traité de la loi en général est ancienne, et remonte au moins au XVIᵉ siècle où se multiplient les traités *De legibus*. Le P. Tonneau fait remarquer que Billuart, au XVIIIᵉ siècle, limite son commentaire du traité des lois de la *Somme* aux questions 90 à 97 (*Notes et appendices au traité de la loi nouvelle*, « Éditions de la Revue des jeunes », Paris, Le Cerf, 1981, p. 207). La primauté accordée à la loi en général explique aussi que, dans les enseignements sur la loi donnés à l'école de saint Thomas, on ait parfois rapatrié la loi dans l'exposé général de la justice et du droit.

ceux qui considèrent au contraire qu'il a en vue la loi divine, ce sont les développements consacrés à la loi humaine qui peuvent sembler déplacés, ou en tout cas disposant seulement à la perfection apportée par la loi divine[1]. Une lecture qui entend faire droit aux affirmations de saint Thomas interdit une telle dichotomie et exige de regarder l'édifice législatif qui ressort du traité de la loi comme un ensemble unique et homogène. Affirmer la nécessité de la loi divine ne diminue en rien les fondements naturels de l'édifice et la part active que les hommes prennent à sa construction. Pour autant, il apparaît clairement que l'édifice ne peut être achevé si l'on en retranche la composante de la loi divine. Cela signifie précisément que, pour saint Thomas, l'édifice naturel, composé des lois humaines reposant sur la loi naturelle, ne peut pleinement jouer son rôle que si lui est adjoint le complément de la loi divine, et spécialement sous sa forme parfaite qu'est la loi nouvelle. Les deux pôles du traité – le pôle naturel qui aboutit à la loi civile, et le pôle théologal qui culmine dans la loi nouvelle – sont comme les deux foyers d'une ellipse, distincts mais toujours référés l'un à l'autre. C'est dire que l'homme et les communautés humaines ont besoin de l'ensemble du dispositif, naturel et surnaturel, pour agir en vue de leurs fins, naturelle et surnaturelle. Si l'on veut restreindre son attention à l'ordre naturel, on peut lire dans le traité de « la loi en général » une philosophie de la loi, et par là du droit[2]. Mais on risque d'oublier que tout cet organisme rationnel ne fonctionne, livré à lui-même, que de façon défectueuse. Il a besoin, pour opérer convenablement, d'être soutenu (*adjuvatus*) par la grâce.

Le renouveau de la loi, dans lequel s'inscrit saint Thomas et auquel il apporte ses puissantes élaborations, tient à la place primordiale reconnue à la raison naturelle mais aussi à l'articulation exprimée du concours de la grâce à celle-ci. Thomas, en fondant l'édifice législatif sur les principes de la loi naturelle, ouvre un champ immense aux déterminations de celle-ci par la raison humaine, qui s'expriment dans les lois civiles. Michel Villey

---

1. C'est l'opinion à laquelle incline le P. Tonneau, *Notes et appendices au traité de la loi nouvelle, op. cit.*, p. 218-223. De fait, la loi nouvelle apparaît bien comme le couronnement de l'édifice, la flèche de la cathédrale. Mais elle ne révoque pas pour autant la consistance propre de l'ordre naturel.

2. La restriction contraire consiste à ne considérer que l'ordre surnaturel, sans égard pour l'ordre naturel. Ce serait le risque attaché à un augustinisme politique extrême, pour lequel la raison est totalement corrompue par le péché. Il est impossible de verser dans un tel travers en prétendant rester fidèle à saint Thomas, alors qu'on peut, à la limite, revendiquer sa paternité à l'appui d'une philosophie autonome du politique. Mais, en toute rigueur, on ne lui est alors pas plus fidèle que dans le cas précédent. Ce sont deux excès contraires dans un même genre, celui qui ne tient pas l'union articulée des ordres naturel et surnaturel.

l'a exprimé avec un enthousiasme rarement rencontré dans l'Université française : « Parce que la doctrine classique du juste naturel conçoit ce dernier comme incomplet, à lui seul informe, et changeant, saint Thomas restaure la loi »[1]. Sa confiance dans les capacités rationnelles de l'homme et des communautés humaines en est la cause profonde.

UNE NOUVELLE CONCEPTION DE LA RELATION
ENTRE LES DEUX CITÉS

La reconnaissance d'un ordre politique relevant d'abord de la raison naturelle conduit, si l'on veut bien en tirer toutes les conséquences, à un renouveau de la conception des relations entre les deux cités, la cité politique et la cité de Dieu, dont la figure ici-bas est, pour simplifier, celle de l'Église. La chose n'est peut-être pas évidente à la première lecture des écrits de Thomas d'Aquin, mais elle découle sans conteste des prémisses de sa pensée politique.

On a dit en commençant que le courant dominant à l'époque de Thomas est celui de l'augustinisme politique, tel que Mgr Arquillière l'a mis en lumière[2], modèle qui ne permet pas de penser la cité politique dans sa réalité naturelle et profane et qui risque fort, pour ce motif, de résorber en quelque sorte l'ordre naturel dans l'ordre surnaturel[3]. Dans ces conditions, on justifie implicitement sinon explicitement, *de facto* sinon *de jure*, la primauté de l'autorité spirituelle et ses immixtions dans les affaires temporelles.

Face à une telle approche, Thomas affirme au contraire la consistance propre et naturelle de la cité politique. Il situe clairement chacune des deux cités à son niveau, naturel pour « la cité ou le royaume », et surnaturel pour l'Église. Dans ces conditions, aucune dialectique d'opposition entre

---

1. M. Villey, *La formation de la pensée juridique moderne*, op. cit., p. 165.
2. H.-X. Arquillière, *L'augustinisme politique, essai sur la formation des théories politiques au Moyen Âge*, op. cit.
3. Bien conscient de cette difficulté, C. Journet écrit : « La distinction entre fin ultime et fin intermédiaire ou infravalente n'est pas faite expressément, *in actu signato*, dans saint Augustin, mais elle s'y trouve cependant implicitement, *in actu exercito*. Dès qu'on l'a fait expressément, on est conduit à reconnaître, à mi-hauteur entre les deux cités d'ordre "mystique" une autre cité d'ordre politique ; en tout, trois sortes de cités : la *cité de Dieu*, la *cité du diable*, la *cité de l'homme* », *L'Église du Verbe incarné*, op. cit., t. II, p. 107. C'est là une exégèse généreuse et magnanime d'un relecteur thomiste de la thèse augustinienne. La reconnaissance d'une troisième cité, celle *de l'homme*, n'est pas si évidente, et la postérité doctrinale de la *Cité de Dieu* en atteste.

les deux n'est en principe concevable, elles ne relèvent pas du même ordre. Cela ne signifie pas que Thomas récuse les enseignements de la *Cité de Dieu*, convenablement compris. Si l'on s'en tient rigoureusement au propos de l'évêque d'Hippone, il y a bien un combat spirituel entre ce qui relève de la grâce et ce qui s'y oppose, et l'on peut l'exprimer par la métaphore de l'opposition des deux cités[1]. Mais si l'on commet le contresens qui consiste à assimiler la cité politique à la *civitas terrena* augustinienne, on introduit une opposition entre l'Église et la cité terrestre qui n'est rien moins que contraire à la pensée thomasienne.

Au rebours de ce que nous appelons le modèle augustinien, le modèle moderne d'organisation des relations entre les cités, qui prétend remédier aux problèmes induits par le modèle augustinien, repose au contraire sur la séparation des deux cités. Le politique se résorbe alors au strict niveau naturel. L'Église des temps de chrétienté, en se comportant comme une puissance temporelle, et surtout les guerres de religion, ont largement contribué à cette séparation et à la résorption du politique dans un exclusivisme temporel.

Pour Thomas d'Aquin, il ne doit y avoir ni résorption au niveau surnaturel, ni résorption au niveau naturel. Il doit y avoir coopération entre les deux niveaux, celui de la nature et celui de la grâce, sans conduire à une confusion (modèle augustinien) ni à une séparation (modèle moderne). Autrement dit, c'est une coopération qui n'implique ni fusion ni séparation qui doit s'établir entre la cité terrestre et l'Église, chacune œuvrant dans son ordre au bien des mêmes citoyens. C'est la raison pour laquelle on propose de qualifier de chalcédonien le modèle thomasien, comme reposant sur la coopération de la nature et de la grâce, ici de la cité terrestre et de la cité de Dieu qu'est l'Église. En ce sens, on comprend que la logique moderne de la séparation des sphères politique et religieuse soit un sérieux obstacle à la compréhension de l'approche thomasienne.

1. Il est assez significatif que Thomas d'Aquin, si familier qu'il soit de la *Cité de Dieu*, n'en reprend pas la terminologie selon le sens que saint Augustin lui donne. Ainsi, lorsqu'il emploie l'expression *civitas Dei*, ce n'est pas pour désigner l'Église en sa composante terrestre (même si Augustin ne les identifie pas purement et simplement), mais presque toujours pour désigner l'Église de la gloire, donc l'Église en son état achevé. Évoquant l'étude qu'il souhaiterait entreprendre de l'usage fait par Thomas d'Aquin de la *Cité de Dieu* d'Augustin, le P. Congar écrit : « Je pense qu'on verrait qu'il a utilisé cette grande œuvre pour parler de l'Église en sa référence céleste et d'eschatologie commencée, non pour ce qu'elle dit de la *civitas terrena* et qui est d'ailleurs ambigu », dans « Orientations de Bonaventure et surtout de Thomas d'Aquin dans leur vision de l'Église et celle de l'État », dans *1274 – Année charnière : mutations et continuités*, Paris-Lyon, Éditions du CNRS, 1977, p. 697. On ne peut que souscrire à une telle remarque.

Gratia non tollit naturam sed perficit, la grâce ne supprime pas la nature mais la perfectionne[1] : cela vaut pour tout individu, et cela vaut pour les sociétés. L'ordre social naturel a toute sa place, et la grâce, loin de le dirimer, le perfectionne. Autrement dit, la vie de la grâce, qui est la vie de l'Église – nonobstant le péché qui marque ses membres –, ne disqualifie en rien la cité terrestre, mais contribue à la vigueur de l'ordre naturel en le perfectionnant. Comment s'opère cette contribution ?

Pour Thomas, l'Église coopère à la vie de la cité, non pas tant extérieurement qu'intérieurement, en communiquant la vie de la grâce aux citoyens. La cité de Dieu est enfouie dans la cité terrestre comme le levain dans la pâte, elle contribue à son fonctionnement harmonieux et à son élévation à l'ordre surnaturel. Chez Thomas d'Aquin, théologien de chrétienté, l'ordre ecclésial imprègne tout l'ordre des cités terrestres, il ne peut en être le rival. Relevant de principes différents, les deux ordres de société ne sont pas sur le même plan. S'il y a une dialectique thomasienne des deux cités, c'est une dialectique de rencontre et de perfectionnement, l'ordre théologal de la société ecclésiale venant sans cesse élever, guérir, élargir l'ordre purement naturel des cités terrestres. La cité terrestre sera d'autant meilleure, comme cité terrestre, qu'elle se laissera élever par la grâce. L'immanence de l'Église dans les cités politiques, la présence des chrétiens dans les cités dont ils sont les citoyens, contribuent de l'intérieur au perfectionnement de ces cités[2]. La cité de Dieu imprègne, rayonne dans la cité terrestre, et lui permet d'être, non pas moins elle-même, mais davantage elle-même[3]. En fait, Thomas d'Aquin illustre ici le principe de coopération sans confusion entre la foi et la raison. Loin de disqualifier l'ordre de la raison, l'ordre de la foi l'élève et le perfectionne, afin qu'il soit davantage ce qu'il a vocation à être (et dans le même temps, l'ordre de la raison éclaire et justifie l'ordre de la foi).

Ces remarques expliquent pourquoi Thomas d'Aquin ne semble pas accorder une place significative à l'Église comme forme politique particulière. Lorsqu'il traite du politique, il se penche vers l'ordre humain communautaire, organisé en cités ou en royaumes, et non pas tant vers cette société humaine d'un genre particulier qu'est l'Église. Pour Thomas

---

1. I, q. 1, art. 8, ad 3.

2. On retrouve ici un thème de la *Cité de Dieu*, mais appuyé sur un appareil philosophique et théologique tout différent de celui de saint Augustin.

3. Cette conception thomasienne éclaire celle de la relation des deux autorités, civile et ecclésiale. On a montré que Thomas tient clairement à une autonomie des autorités dans leur sphère respective, l'autorité ecclésiale n'étant fondée à intervenir en matière temporelle que lorsque le salut des âmes est en cause.

d'Aquin, la société parfaite, dans l'ordre naturel, c'est la cité, mais il faut ajouter qu'elle ne sera jamais plus parfaite qu'en étant informée par la charité. Il ne méconnaît pas la perfection intrinsèque de l'Église dans son ordre, mais la perfection du monde commun, pour lui, c'est la cité politique, formée par la charité, dont l'Église est la servante bien plus qu'elle n'en est la maîtresse.

De ces considérations il ressort que le monde commun, pour saint Thomas, est fondamentalement celui des cités terrestres, dont les citoyens ont vocation à être animés, individuellement et collectivement, par la grâce. L'ecclésiologie de Thomas, si souvent mal comprise, aboutit, par le double principe chalcédonien et d'immanence que l'on a suggéré, à cet effet paradoxal de mettre en valeur la place et le rôle des cités terrestres, non au détriment de la société surnaturelle qu'est l'Église, mais en relation à elle. On mesure par-là à quelle réhabilitation de l'ordre naturel procède Thomas d'Aquin au sommet du Moyen Âge. Il manifeste ainsi la puissance du ferment aristotélicien, sans jamais verser dans l'averroïsme qui lui a été reproché par certains.

CONCLUSION

Avec le recul dont on dispose aujourd'hui, on mesure davantage le renouveau apporté par Thomas en matière de pensée du politique. On aurait pu estimer que le contexte de chrétienté, concrètement la primauté de la pensée chrétienne, interdirait de telles élaborations fondées sur la raison humaine. Il n'en est rien, d'abord parce que la doctrine chrétienne, telle que saint Thomas la déploie, donne toute sa place à l'œuvre de la raison humaine comme coopération libre à l'exercice du gouvernement divin, expression de la providence de Dieu : « la providence divine use d'intermédiaires […], non qu'elle soit en défaut, mais par surabondance de bonté, afin de communiquer aux créatures elles-mêmes la dignité de cause »[1]. Ensuite, la juste compréhension de l'articulation des fins, c'est-à-dire l'ordination à la fin surnaturelle de l'ordre naturel, ne disqualifie aucunement celui-ci. Chez saint Thomas, les exigences de la foi, loin de minorer les œuvres de la raison, les sollicitent et les confortent.

Les quelques éléments présentés ici éclairent l'affirmation initiale : il y a bien chez Thomas d'Aquin une science du politique dans son ensemble, qui constitue un corpus cohérent que l'on a brièvement rappelé.

1. I, 22, art. 3, c.

On a proposé d'illustrer par « thomisme politique » l'innovation apportée par la pensée de Thomas au regard de la conception dominante à son époque, résumée sous l'expression utile d'augustinisme politique. Il resterait à envisager la postérité de l'innovation thomasienne. Celle-ci n'est pas aisée à préciser en quelques mots. D'un côté, il semble que cette conception unifiée et cohérente rencontrée chez Thomas n'ait pas été reprise telle quelle chez ses successeurs, et encore moins qu'elle ait guidé la transformation de la vie politique qui marque son siècle et ceux qui le suivent. Mais, d'un autre côté, le champ qu'il ouvre à une pensée rationnelle du politique est un legs dans lequel tous viendront puiser après lui. Sans vouloir faire de saint Thomas le prophète de la pensée moderne – ne serait-ce que parce que celle-ci va s'élaborer largement sur des fondements nominalistes qui sont aux antipodes de ses conceptions –, on discerne par exemple dans ses écrits sur le meilleur régime, sous forme embryonnaire, les thèmes qui vont marquer la pensée politique des siècles à venir : le consentement, la souveraineté, le choix et la représentation, l'équilibre des autorités…

En un temps, le nôtre, où le besoin d'une véritable théologie du politique se fait cruellement sentir, le recours à la pensée thomasienne pourrait s'avérer d'une grande utilité, d'autant plus qu'elle est étonnamment en phase avec les principes avancés par le concile de Vatican II. Ce ne serait pas le dernier service rendu par le Docteur commun à la doctrine chrétienne.

GILLES DE ROME
DANS LE CHAMP THÉOLOGICO-POLITIQUE
À LA FIN DU XIIIe ET AU DÉBUT DU XIVe SIÈCLE

JEAN-PHILIPPE GENET

C'est par l'édition du *Tractatus de regimine principum ad regem Henricum Sextum*[1] que je suis personnellement entré en contact avec Gilles de Rome et que j'ai pu mesurer son influence sur le genre des « miroirs aux princes » tel qu'on le définissait alors, à partir des définitions données par les spécialistes allemands, et notamment Wilhelm Berges[2]. Mais j'ai dû y revenir plus récemment pour mettre au point la bio-bibliographie qui lui est consacrée dans la base de données en ligne *Studium*, qui recense les maîtres, les étudiants et les suppôts des écoles et de l'université de Paris au Moyen Âge[3], et pour intégrer les principaux textes « politiques » de Gilles

1. J.-Ph. Genet (ed.), *Four English Political Tracts of the Later Middle Ages*, « Camden Fourth Series, XVIII », London, Royal Historical Society, 1977.

2. W. Berges, *Die Fürstenspiegel des hohen und späten Mittelalters*, « MGH, Schriften, II », Leipzig, W. Hiersemann, 1938. Sur cette définition, voir J.-Ph. Genet, « L'évolution du genre du Miroir au Prince en Occident », dans S. Cassagnes-Brouquet, A. Chaou, D. Pichot et L. Rousselot (éd.), *Religion et mentalités au Moyen Âge. Mélanges en l'honneur d'Hervé Martin*, Rennes, P.U.R., 2003, p. 531-541 ; et « Conclusion : la littérature au miroir du Prince », dans F. Lachaud et L. Scordia (dir.), *Le prince au miroir de la littérature politique de l'Antiquité aux Lumières*, Rouen, Publications des universités du Royen et du Havre, 2007, p. 405-423 ; pour les miroirs antérieurs, voir aussi E. M. Jónsson, « Les miroirs aux princes sont-ils un genre littéraire ? », *Médiévales* 51, 2006, p. 153-166.

3. http://lamop-vs3.univ-paris1.fr/studiumSur *Studium*, voir J.-Ph. Genet, H. Idabal, Th. Kouamé, S. Lamassé, Cl. Priol, A. Tournieroux, « General introduction to the Studium project », *Medieval Prosopography* 31, 2016, p. 155-170 ; et J.-Ph. Genet, « Studium Parisiense, un répertoire informatisé des écoles et de l'université de Paris », *Annali di Storia delle Università Italiane*, t. 21/1, 2017, p. 25-74.

de Rome, le *De regimine principum*[1] et le *De ecclesiastica potestate*[2] à la bibliothèque *Meditext*, qui est aujourd'hui accessible par l'intermédiaire de la plateforme *PALM* développée par Mourad Aouini[3]. Ces deux textes, dont les messages paraissent à première vue diamétralement opposés, offrent un bon terrain d'enquête pour examiner la place de Gilles de Rome dans le champ théologico-politique au tournant du XIIIe et du XIVe siècle. Après une rapide présentation du personnage, j'ai choisi, pour situer la place de Gilles de Rome dans le champ théologico-politique, deux angles d'approches un peu inhabituels. Un examen sommaire du nombre et de la distribution de l'ensemble des manuscrits qui conservent son œuvre permettra de mesurer cette place ; puis, après un rappel rapide du contenu de ses deux œuvres clé dans le domaine « politique », le *De regimine principum* et le *De ecclesiastica potestate*, seront présentés les premiers résultats, encore très provisoires, d'une étude textométrique de ces deux textes, qu'en apparence tout semble opposer.

La biographie de Gilles de Rome a ses zones d'ombre, mais par rapport à celle de bien d'autres théologiens de la période, elle est relativement bien connue[4]. D'origine romaine – mais sans rapport avec les Colonna – il semble, à en juger par le couvent dans lequel il est entré dans l'ordre des ermites de saint Augustin, avoir été très tôt distingué pour ses qualités intellectuelles et de ce fait envoyé par son ordre à Paris, où celui-ci était implanté mais n'avait pas encore établi sa réputation académique. Gilles y suit le cursus normal, étudiant à la faculté des arts puis à celle de théologie, où il commence à commenter les *Sentences* à partir de 1272 : disciple de saint Thomas, il reprend sa thèse de l'unicité de la forme substantielle, si bien que six propositions extraites de son commentaire du premier livre des Sentences figurent dans la « condamnation des averroïstes » par l'évêque de Paris Étienne Tempier en 1277. Il n'est

---

1. Désormais abrégé *DRP.* Il n'existe pas d'édition critique de ce texte pourtant essentiel : pour la version utilisée ici, voir *infra* p. **XXX**.

2. Désormais abrégé *DEP* : *Aegidius Romanus de Ecclesiastica Potestate*, R. Scholz (éd.), Weimar, H. Böhlaus, 1929 [reprint Aalen, Scientia, 1961] ; et R. W. Dyson (éd. et trad.), *Giles of Rome on Ecclesiastical Power. A medieval theory of World Government*, Woodbridge, Boydell, 1986, avec trad. anglaise.

3. PALM : http://palm.huma-num.fr/PALM/.

4. Pour une présentation et une bibliographie plus détaillée, voir *Studium* (http://studium.univ-paris1.fr/individus/3137-aegidiusromanus).

pas inquiété, mais un peu plus tard, il est sommé par le légat Simon de Brion (le futur Martin IV) en présence d'Étienne Tempier, de Ranulphe de la Houblonnière et de Jean des Alleux, de renoncer à des erreurs que nous connaissons d'après ses réponses, telles qu'elles ont été notées en marge de sa copie du premier livre du *Commentaire sur les Sentences* de Gilles par Godefroid de Fontaines[1]. Comme il s'y refuse, il doit quitter l'université en mars 1277, renonçant par là même à obtenir son doctorat[2].

On en est ensuite réduit aux suppositions : il semble se consacrer aux affaires de son ordre en France, et entre peut-être ainsi en contact avec la cour : c'est en tout cas en 1277-1279 qu'il rédige le *De regimine principum*, dédié au jeune prince héritier Philippe – le futur Philippe le Bel – alors âgé de douze ans. S'il participe au chapitre général de son ordre à Padoue en 1278, il semble bien avoir résidé en France jusqu'en 1281. Il est alors devenu provincial des augustins de Rome en 1283 et retrouve l'appui de la papauté : le pape Honorius IV somme Ranulphe de la Houblonnière, maintenant évêque de Paris, d'obtenir de la faculté de théologie que le grade de maître en théologie lui soit attribué. C'est chose faite en 1285, et il se voue à ses fonctions de maître régent à la faculté de théologie parisienne de 1285 à 1292, jusqu'à ce qu'il devienne cette même année maître général des augustins. Pendant cette période, il continue à s'occuper des affaires de son ordre en France, négociant avec l'appui de Philippe le Bel, devenu roi de France en 1285, l'attribution aux augustins de l'ancien établissement des Sachets, sur les rives de la Seine qui va devenir le couvent des Grands-Augustins. Mais en 1297, Boniface VIII dont il est devenu l'un des proches, le fait désigner comme archevêque de Bourges et le consacre en personne. Il réside cependant à Rome, sauf une brève période en 1299-1301, et fait figure de principal conseiller en matière de théologie d'un pape resté d'abord un juriste. S'il est difficile de connaître l'étendue exacte de sa contribution aux grandes bulles du pontificat et notamment à *Unam sanctam*, dont il est souvent considéré comme le véritable auteur, il écrit deux traités pour appuyer les décisions du pape, le *De renunciatione papae* sur la légitimité de la

---

1. R. Wielockx, *Aegidii Romani Opera Omnia*, III, 1 : *Apologia*, « Corpus Philosophorum Medii Aevi, Testi e Studi, 4 », Firenze, Olschki, 1985.

2. Voir la présentation des faits dans l'introduction de C. König-Pralong, *Être, essence et contingence. Henri de Gand, Gilles de Rome, Godefroid de Fontaines*, Paris, Les Belles Lettres, 2006.

renonciation de Célestin V en 1297-1298[1] et le *De ecclesiastica potestate*. La mort de Boniface VIII le prive d'une partie de son pouvoir, surtout sous Clément V : les deux hommes s'étaient opposés en tant qu'archevêques de Bourges et de Bordeaux à propos de la primatie d'Aquitaine revendiquée pour leurs deux métropoles[2]. Il participe cependant au concile de Vienne en 1311-1312, pendant lequel il écrit le *Contra exemptos*, qui vise les Templiers auxquels il est très hostile[3], et prend part à l'offensive contre Pierre de Jean Olieu[4]. Il meurt à Avignon en 1316.

Le nombre des œuvres de Gilles est considérable mais, comme pour tous les scolastiques, il est difficile d'en établir une liste sûre. Nous sommes parvenus à une liste de 97 « œuvres » : dans bien des cas, il faudrait parler de rédactions plus que d'œuvres autonomes, et pour certaines – comme le *De erroribus philosophorum*[5], pour ne citer que l'une des plus répandues parmi celles qui courent sous son nom –, le statut d'auteur de Gilles est des plus douteux. On pourrait rattacher à ce premier ensemble de textes une vingtaine d'autres œuvres que les manuscrits lui attribuent le plus souvent mais qui ne sont certainement pas de lui. C'est peut-être aussi le cas pour les œuvres dévotionnelles et liturgiques qui lui sont attribuées. Elles participent néanmoins à sa réputation et à son influence, puisqu'au Moyen Âge on les lui attribuait. Ceci permet d'établir une liste de 1310 manuscrits qui contiennent au moins un texte attribué à Gilles de Rome. La liste de ces œuvres est consultable sur le site *Studium parisiense*, avec, pour chacune d'entre elles une description de ses différentes versions (notamment des abrégés et des traductions) et une liste des manuscrits et des impressions anciennes qui la contiennent.

1. J. R. Eastman, *Aegidius Romanus, De renunciatione Pape*, « Texts and Studies in Religion, 52 », Lampeter, The Edwin Mellen Press, 1992.

2. F. Delivré, *L'évêque du premier siège. La papauté et l'office de primat-patriarche dans l'Occident médiéval (fin XIe-début XVIe siècle)*, Doctorat Paris 1 Panthéon-Sorbonne, 2006.

3. Le *Contra exemptos* est imprimé dans le *Primus tomus operum Aegidii*, Rome, 1555.

4. L. Amorós, « Aegidii Romani impugnatio doctrinae Petri Ioannis Olivi an. 1311-1312, nunc primum in lucem edita », *Archivum franciscanum historicum* 27, 1934, p. 399-451.

5. *De erroribus philosophorum*, II, 18-25, P. Mandonnet (éd.), *Siger de Brabant et l'averroïsme latin au xiiie siècle*, Louvain, Institut supérieur de philosophie de l'Université, t. II, 1908, p. 3-25.

Faute d'avoir pu tous les consulter, il a fallu se contenter des descriptions, parfois insuffisantes, que donnent les catalogues des bibliothèques ainsi que les travaux des érudits qui les ont étudiés : en particulier les membres de l'équipe florentine qui a entrepris l'édition des œuvres complètes de Gilles de Rome et qui avaient commencé un remarquable catalogue des manuscrits égidiens, qui semble malheureusement abandonné[1], Adolar Zumkeller pour les manuscrits allemands[2], et pour le *De regimine principum*, Charles Briggs[3] et Laetitia Perret[4]. Le tout doit être complété par les notices des catalogues des bibliothèques et par la précieuse base de données *Mirabile*[5]. Les informations obtenues permettent néanmoins de résumer de façon très sommaire la répartition géographique et chronologique de plus de la moitié des manuscrits (812 sur 1310 sont localisables, et 1136 datables). Les œuvres ont été regroupées en trois ensembles : le *De regimine principum*, avec toutes ses versions (y compris des extraits dans des recueils de proverbes ou de sentences) et ses traductions, les œuvres de forme scolastique, et les œuvres « religieuses », c'est-à-dire pastorales ou liturgiques[6]. Il y a peu de chevauchements entre ces trois ensembles.

---

1. B. Faes de Mottoni et C. Luna, *Aegidii Romani. Opera Omnia* I/1, *Catalogo dei Manoscritti, Città del Vaticano, Biblioteca Apostolica Vaticana*, Firenze, L. S. Olchski, 1987 ; F. Del Punta et C. Luna, *Aegidii Romani. Opera Omnia* I, *Catalogo dei Manoscritti 3* (Francia : Dipartimenti)*, Firenze, L. S. Olchski, 1987 ; C. Luna, *Aegidii Romani. Opera Omnia* I, *Catalogo dei Manoscritti 3** (Francia : Parigi)*, Firenze, L. S. Olchski, 1988 ; F. Del Punta et C. Luna, *Aegidii Romani. Opera Omnia* I, *Catalogo dei Manoscritti 2* (Italia : Firenze, Padova, Venezia)*, Firenze, L. S. Olchski, 1989 ; B. Faes de Mottoni, *Aegidii Romani. Opera Omnia* I, *Catalogo dei Manoscritti (293-372) 1/5*, Repubblica Federale di Germania (Monaco)*, Firenze, L. S. Olchski, 1990 ; F. Del Punta et C. Luna, *Aegidii Romani. Opera Omnia* I, *Catalogo dei Manoscritti (1XXX-1075). De Regimine Principum*, 1/11, Città del Vaticano-Italia, Firenze, L. S. Olchski, 1993 ; F. Del Punta, B. Faes de Mottoni et C. Luna, *Aegidii Romani. Opera Omnia. (152-238j)*. 1, *Italia*. 2, *(Assisi-Venezia)*, Firenze, L. S. Olchski, 1998.

2. A. Zumkeller, *Manuskripte von Werken der Autoren des Augustiner-Eremitenordens in mitteleuropäischen Bibliotheken*, « Cassiciacum, 20 », Würzbourg, Augustinus-Verlag, 1966.

3. Ch. Briggs, *Giles of Rome's* De Regimine Principum. *Reading and Writing Politics at Court and University, c. 1275-c. 1525*, Cambridge, Cambridge University Press, 1999.

4. N.-L. Perret, *Les traductions françaises du* De Regimine principum *de Gilles de Rome. Parcours matériel, culturel et intellectuel d'un discours sur l'éducation*, Leiden-Boston, Brill, 2011.

5. http://sip.mirabileweb.it/, site de la Società Internazionale per lo Studio del Medioevo Latino et de la Fondazione Ezio Franceschini ONLUS di Firenze.

6. Sont notamment regroupés ici les sermons, les hymnes et les *Capitula fidei christianae ad Tartarum maiorem*.

TABLE 1 : RÉPARTITION CHRONO-SPATIALE DES MANUSCRITS
DE GILLES DE ROME

	Germ.	Fran.	Ital.	Brit.	Esp.	Incertain	Total
De regimine, non daté	1	2	5		19	33	58
13e siècle	2	11	1			2	16
14e siècle	8	52	44	24	4	32	164
15e siècle	36	31	23	24	4	61	179
16e siècle	1	1	1				3
Total	48	97	74	48	27	127	421
Scolastique non daté	1	4	3	1		139	148
13e siècle	3	44	12	9		30	98
14e siècle	27	64	70	27	1	139	328
15e siècle	48	10	3			61	122
16e siècle	1	1				4	6
Total	80	123	88	37	1	373	702
Religieux non daté	3					18	21
13e siècle		6				6	12
14e siècle	2	6	2			8	18
15e siècle	22	8	13			12	55
16e siècle	10					1	11
Total	37	20	15			43	115

L'examen du tableau montre que la diffusion de l'œuvre scolastique a été très rapide en France, en Angleterre et en Italie où elle s'est maintenue au XIVe siècle, mais qu'ensuite c'est seulement dans le monde germanique qu'elle a continué à être copiée, notamment à l'université de Leipzig et dans certains des grands monastères bénédictins ou cisterciens. Les manuscrits sont d'abord des manuscrits universitaires, mais l'ordre des ermites de Saint-Augustin a aussi été un puissant facteur de diffusion et des collections impressionnantes de ses manuscrits proviennent des couvents de villes comme Toulouse, Bordeaux, Cologne ou Cambridge. Le démarrage de la copie des manuscrits du *De regimine principum* apparaît un peu plus lent, mais on copie l'œuvre partout jusqu'à la fin du xve siècle, même si les manuscrits d'origine germanique sont proportionnellement plus nombreux à la fin du xve siècle. Ceci est encore plus vrai pour les manuscrits d'œuvres dévotionnelles ou liturgiques, qui sont surtout copiées au xve siècle, en Italie, en Angleterre et surtout en Allemagne, où elles ont été traduites.

Les deux textes sur lesquels nous concentrerons désormais notre analyse ont été composés dans des circonstances bien différentes. Le *De regimine principum*, écrit après l'éviction de Gilles du cursus de la faculté de théologie et dédié au prince Philippe (dont rien ne dit que Gilles ait été le précepteur, comme cela est souvent affirmé) peut être considéré comme un miroir au prince. Il faut cependant être attentif à la catégorisation un peu fourre-tout des « miroirs aux princes », d'autant que le catalogue de Berges[1] confère une sorte de brevet de conformité aux textes qui y sont regroupés. Or les premiers textes, à l'image du *Policraticus*, sont des traités moraux, non des textes politiques[2] ; cette dernière œuvre en viendra même, bien plus tard, et notamment en raison du problème du tyrannicide, au xive siècle, à être lue comme un texte politique, quand ce qualificatif aura un sens... grâce, entre autres, au texte de Gilles[3]. Viennent ensuite les « miroirs aux princes », *stricto sensu*, dont la plupart des auteurs appartiennent aux ordres mendiants[4]. Le texte de Gilles est bien un miroir, mais il se distingue nettement de tous ses prédécesseurs : d'abord parce qu'il entend traiter d'un gouvernement royal qui doit viser au bien commun, et introduit pour cela le concept de *regimen*, un concept qui est importé de la pastorale et de la médecine, et parce qu'il entend

---

1. W. Berges, *Die Fürstenspiegel des hohen und späten Mittelalters*, « MGH, Schriften, 2 », Leipzig, W. Hiersemann, 1938.

2. Sur cette distinction, D. Luscombe, « City and politics before the coming of the *Politics* », *in* D. Abulafia, M. Franklin and M. Rubin (eds.), *Church and City 1XXX-1500. Essays in honour of christopher Brooke*, Cambridge, Cambridge University Press, 1992, p. 41-55 ; et « Ethics and Politics in the Eleventh and Twelfth Centuries », dans B. C. Bazan, E. Andujar et L. G. Sbrocchi, *Les philosophies morales et politiques au Moyen Âge. Actes du 9e Congrès international de philosophie médiévale : Ottawa, du 17 au 22 août 1992 = Moral and Political Philosophies in the Middle Ages. Proceedings of the Ninth International Congress of Medieval Philosophy, Ottawa, 17-22 August 1992*, New York-Ottawa-Toronto, Legas, 1995, t. I, p. 74-83.

3. F. Lachaud, « Filiation and Context. The Medieval Afterlife of the Policraticus », *in* C. Grellard and F. Lachaud, *A Companion to John of Salisbury*, Leiden, Brill, 2015, p. 377-438.

4. J.-Ph. Genet, « L'évolution du genre du Miroir au Prince en Occident », dans S. Cassagnes-Brouquet, A. Chauou, D. Pichot et L. Rousselot, *Religion et mentalités au Moyen Âge. Mélanges en l'honneur d'Hervé Martin*, Rennes, P.U.R., 2003, p. 531-541.

le faire de façon neuve, en utilisant le vocabulaire et les concepts de la politique qu'il puise chez Aristote.

Gilles de Rome est un des meilleurs lecteurs parisiens d'Aristote, et ses commentaires du corpus aristotélicien lui ont valu le surnom d'*Expositor*[1] : il a, entre autres, commenté la *Rhétorique*[2], dont il fait grand usage dans le *De regimine principum* (87 citations). Le traité d'Aristote qu'il utilise le plus est l'*Éthique* (157 citations)[3] mais la grande nouveauté est son utilisation de la *Politique*, traduite depuis peu et encore mal connue à cette date (115 citations)[4]. Le *Philosophus* est omniprésent dans l'ouvrage, encore qu'il soit difficile de vérifier l'exactitude littérale des citations, notamment pour la *Politique* : certes, Gilles utilise la version latine de Guillaume de Moerbeke, mais il se sert aussi des commentaires d'Albert de Grand et de Thomas d'Aquin et peut-être a-t-il eu accès aux textes de Pierre d'Auvergne qui n'ont été diffusés que plus tard[5]. S'il n'est pas le texte le plus important pour l'introduction de l'aristotélisme politique à l'université, où primeront les commentaires d'Albert le Grand,

---

1. V. Cordonier et T. Suarez-Nani (éd.), *L'Aristotélisme exposé. Aspects du débat philosophique entre Henri de Gand et Gilles de Rome*, « Dokimion, 38 », Fribourg, Academic Press, 2014, p. XII-XIII en particulier n. 8.

2. R. Lambertini, « The prince in the mirror of philosophy. About the use of Aristotle in Giles of Rome's *De regimine principum* », *in* B. C. Bazan, E. Andujar, L. G. Sbrocchi (eds.), *Moral and Political Philosophies, op. cit.*, t. III, p. 1522-1534. Le texte, écrit avant 1278, est conservé dans 23 manuscrits et 3 incunables. L'édition de Venise de 1555 (réimpr. Frankfurt, Minerva, 1968) est accessible sur internet (http://capricorn.bc.edu/siepm/books. html#14). En revanche, Gilles de Rome n'est pas l'auteur des commentaires sur l'*Éthique* et la *Politique* qui lui ont été parfois attribués.

3. La traduction de l'*Éthique à Nicomaque* par Robert Grosseteste ne date que de 1250 et elle a surtout été diffusée à partir de 1260 dans une version remaniée : G. Wieland, « The reception and interpretation of Aristotle's Ethics », *in* J. H. Burns (ed.), *The Cambridge History of Later Medieval Philosophy*, Cambridge, Cambridge University Press, 1982, p. 652-672.

4. Chr. Flüeler, *Rezeption und Interpretation der Aristotelischen Politica im späten Mittelalter*, « Bochumer Studien zur Philosophie, 19 », 2 vol., Amsterdam-Philadelphie, B. R. Grüner, 1992 : la *Politique* d'Aristote était connue des Arabes, al-Farabi, Avicenne et Averroès mais ils lui préféraient Platon. La traduction latine de Guillaume de Moerbeke la fait entrer dans la culture médiévale latine. La première traduction (trois manuscrits), est incomplète et attribuée à Moerbeke par Pierre Michaud-Quantin : elle sert à Albert le Grand dès 1260-1261. La seconde, finie en 1265, a une diffusion rapide. Thomas d'Aquin la cite mot à mot dès 1267-1268. Elle est vite commentée par Albert le Grand (à Cologne en 1265 ?), par Thomas d'Aquin (à Paris en 1269-1272 au couvent Saint-Jacques), par Pierre d'Auvergne (à Paris mais à la faculté de théologie) et par l'anonyme de Milan (aussi à Paris).

5. *Cf.* R. Lambertini, « Peter of Auvergne, Giles of Rome and Aristotle's *Politica*, *in* Chr. Flüeler, L. Lanza and M. Toste (éd.), *Peter of Auvergne. University Master of the 13th Century*, « Scrinium Friburgense, 26 », Berlin, De Gruyter, 2015, p. 51-70.

de Thomas d'Aquin, et surtout de Pierre d'Auvergne (qui a en outre complété celui, laissé inachevé, de Thomas), bien qu'il soit à son tour entré dans les programmes parmi les textes à lire et à commenter, le *De regimine* est sans conteste le principal vecteur de l'aristotélisme dans les milieux gouvernants et dans le monde des laïcs cultivés, et surtout par l'intermédiaire de ses nombreuses traductions en langue vulgaire : tout n'est pas *lost in translation*, comme le remarque Roberto Lambertini[1].

Il est évidemment difficile de résumer en un paragraphe le contenu d'un traité de 159.454 mots. Le premier livre montre comment il faut se gouverner (*regere*) soi-même, le second comment il faut gouverner la maison, et le troisième comment il faut gouverner la cité : une division en trois livres à la fois « rationnelle et naturelle » : *Primo ergo libro deseruiet Ethica siue Monastica. Secundo Oeconomica. Tertio Politica*[2]. Le premier livre, divisé en quatre parties, s'ouvre sur la recherche de ce en quoi les princes et les rois doivent trouver la félicité. L'expression n'est pas indifférente : on se souvient que l'un des objets des condamnations de 1277 a été le « bonheur de philosopher » suspecté d'aboutir à l'autonomie de la philosophie[3] ; c'est l'autonomie de l'éthique et de la politique, associées, qui sont en jeu ici. Le résultat est certes orthodoxe, ce bonheur doit être trouvé dans l'amour de Dieu et dans l'exercice de la *prudentia* (I, 1, 12), une prudence qui doit tout à l'*Éthique à Nicomaque*[4], mais la grande récompense du prince sera *si per prudentiam, & legem recte regat populum sibi commissum* (I, 1, 13). Les trois parties suivantes,

---

1. R. Lambertini, « Lost in Translation. About the Castilian Gloss on Giles of Rome's *De regimine principum* », dans G. Briguglia, Th. Ricklin (ed), *Thinking Politics in the Vernacular from the Middle Ages to the Renaissance*, Freiburg, Academic Press, 2011, p. 93-102. Pour les traductions françaises, voir l'ouvrage de L. Perret, *Les traductions françaises du De Regimine principum, op. cit.*

2. L'édition utilisée pour le traitement textométrique est *Aegidii Columnae [...] De regimine principum libri III, per Fr. Hieronymum Samaritanum [...] cum vita auctoris (ab Angelo Rocca) in lucem editi [...]*, Roma, *apud* B. Zannettum, 1607, choisie, en l'absence d'édition critique, pour sa lisibilité : elle est accessible sur la plateforme PALM (*cf. supra*, p. XXX) mais aussi sur Gallica.

3. *Quod non est excellentior status quam vacare philosophiae* est le premier article condamné en 1277 (*cf.* R. Hissette, *Enquête sur les 219 articles condamnés à Paris le 7 mars 1277*, Leuven-Paris, Publications universitaires, 1977, p. 15-18). Gilles en est plutôt partisan : C. König-Pralong parle à son propos d'« épistémie séparatiste » dans « Le désir naturel de connaître. Autour des Questions métaphysiques attribuées à Gilles de Rome, dans V. Cordonier et T. Suarez-Nani (éd.), *L'Aristotélisme exposé, op. cit.*, p. 1-28, à la p. 5.

4. Ce que démontre Roberto Lambertini (« The Prince in the Mirror... », art. cit., p. 1529), une prudence différente de celle des miroirs, qui équivaut à la *sapientia* et s'intègre au topos du *rex sapiens* : pour Gilles, c'est une vertu pratique.

très dépendantes de l'*Éthique*[1], traitent respectivement des vertus, des passions et des mœurs. Les deux livres suivants ont chacun trois parties. Le livre II (*De regimine domus*) envisage successivement les problèmes des époux, des enfants et de la *familia* et du service : là se trouvent des chapitres consacrés à la monnaie (II, 3, 9-11) et à l'usure, ainsi qu'à la *curialitas* et aux serviteurs (*ministri*) du prince (II, 3, 17-20). Quant au livre III, il est consacré à l'examen de la façon dont la majesté du prince doit s'imposer à la cité et au royaume. La première partie est sans doute celle qui porte le plus l'empreinte de la *Politique*, avec la description des différents types de régime et la reprise des positions d'Aristote à l'égard de Platon, Socrate, Phaléas et Hippodamius. Les deux parties suivantes sont consacrées au gouvernement de la cité en temps de paix, et en temps de guerre.

À peine un quart de siècle plus tard, nous retrouvons Gilles à Rome, dans son rôle de conseiller théologien du pape. Après la publication de la bulle *Ausculta fili* en décembre 1301 et la violente réaction de Philippe le Bel (diffusion de *Scire volumus* et réunion des états d'avril 1302, suivis d'une réponse offensante au pape), la curie cherche à définir sa position théorique avant le concile convoqué à Rome pour novembre 1302, celle des partisans du roi de France étant présentée dans la première version du traité de Jean de Paris, *De potestate regia et papali*[2] : de ces débats témoignent deux « sermons » qui n'en sont pas, ceux du maître général des franciscains, Mathieu d'Aquasparta[3], et de Gilles de Rome[4]. C'est à

---

1. R. Lambertini, « Il filosofo, il principe e la virtù. Note sulla ricezione e l'uso dell'Etica Nicomachea nel De regimine principum di Egidio Romano », *Documenti e studi sulla tradizione filosofica Medievale* 2, 1991, p. 239-279.

2. K. Ubl, « Johannes Quidorts Weg zur Sozialphilosophie », *Francia*, t. 30/1, 2003, p. 43-72 ; mais cette chronologie et ce contexte sont en partie contestés par A. A. K. Theng, « Why did John of Paris write *De Potestate Regia et Papali* ? », *in* Chr. Jones (ed.), *John of Paris. Beyond Royal and Papal Power*, Turnhout, Brepols, 2015, p. 151-187.

3. G. Gál (éd.), *Matteo ab Acquasparta O. F. M. S. R. E. Cardinalis Sermones*, Quaracchi, Collegium S. Bonaventurae, 1962, p. 177-190 ; voir G. C. Garfagnini, « Il *Sermo de potestate papae* di Matteo d'Acquasparta. Note di lettura », dans *Matteo d'Acquasparta. Francescano, filosofo, politico. Atti del XXIX Convegno storico internazionale, Todi, 11-14 ottobre 1992*, Spoleto, Centro italiano di studi sull'alto Medioevo, 1993, p. 217-237.

4. C. Luna, « Un nuovo documento del conflitto tra Bonifacio VIII e Filippo il Bello : il discorso "De potentia domini pape" di Egidio Romano », *Documenti e studi sulla tradizione filosofica medievale* 3, 1992, p. 167-243. Voir R. Lambertini, « Il sermo "De potestate domini papae" di Egidio Romano e la difesa di Bonifacio VIII : acquisizioni e prospettive della storiografia più recente », dans *Le Culture di Bonifacio VIII. Atti del Convegno organizato nell'ambito delle Celebrazioni per il VII Centenario della morte, Bologna, 13-15 dicembre 2004*, « Bonifaciana, 3 », Roma, Istituto storico italiano per il medio evo, 2006, p. 93-108. Certaines des pistes évoquées dans le sermon ont été abandonnées (la monstruosité d'un pouvoir à deux têtes ou le recours à la donation de Constantin).

ce dernier qu'incombe finalement la responsabilité de la contre-offensive de la papauté, et le *De ecclesiastica potestate* en présente les fondements théoriques, qui seront repris dans la bulle *Unam sanctam* du 18 novembre[1]. Rédigé en quelques mois (février-septembre?), ce traité en trois livres, bien que plus court que le *De regimine principum* (76.019 mots), n'est facile ni à suivre ni à résumer.

Le premier livre s'ouvre sur le rappel du pouvoir suprême du pape, juge de tout qui ne peut être jugé, et de sa nature spirituelle. Du pouvoir spirituel découlent tous les autres pouvoirs (I, 4). Il est supérieur en tous points au pouvoir royal (I, 5) : de même que la substance de l'homme est double, corps et esprit, il y a deux glaives, l'un spirituel et l'autre matériel, dont le pape est le détenteur suprême, l'un *ad usum* et l'autre *ad nutum*[2]. Le deuxième livre commence par rappeler que les clercs ont le droit d'avoir des biens temporels. Après avoir écarté les objections qui pourraient être puisées tant dans le Nouveau que dans l'Ancien Testament (II, 2 et 3), il est réaffirmé que tous les biens temporels sont sous le *dominium* de l'Église et du pape (dans tout le traité, ils sont une seule et même chose : l'identification du pape à l'Église est totale, comme l'est, du même coup, sa domination sur elle). Le pouvoir royal est une création du pouvoir ecclésiastique exécutant un mandat divin (les exemples classiques de Nemrod et de Samuel) : tout *dominium*, qu'il soit sur les choses ou les personnes, ne peut s'exercer justement que dans la soumission à l'Église. *In omnibus temporalibus ecclesia habet dominium universale* (II, 10) : toute *potestas*, tout héritage, toute propriété, tout dépend de l'Église, et sur toute chose elle exerce un *dominium* supérieur (II, 13). Gilles concède toutefois que le « glaive inférieur » peut agir justement s'il est sous le contrôle et l'autorité du supérieur, son interprétation étant parfaitement conforme au texte biblique (II, 14 et 15). La troisième partie reprend le problème du glaive inférieur. Bien qu'elle dispose du *dominium*

---

1. Deux éditions ont été utilisées pour la numérisation du texte : R. Scholz, *Aegidius Romanus de Ecclesiastica Potestate*, Weimar, H. Böhlau, 1929; et R. W. Dyson (éd. et trad.), *Giles of Rome on Ecclesiastical Power. A medieval theory of World Government. A critical edition and translation*, New York, Columbia University Press, 2004. Voir l'analyse d'E. Krüger, *Der Traktat « De Ecclesiastica Potestate » des Aegidius Romanus. Eine spätmittelalterliche Herrschafts-Konzeption des päpstlichen Universalismus*, « Forschungen zur kirchlichen Rechtsgeschichte und zum Kirchenrecht, 30 », Cologne-Weimar-Vienne, Böhlau, 2007.

2. Voir G. Briguglia, « *Ad nutum*. Un espressione politica alla fine del XIII secolo », dans J.-Ph. Genet (dir.), *La légitimité implicite*, « Le pouvoir symbolique, I », Rome-Paris, École française de Rome-Publications de la Sorbonne, 2015, t. I, p. 269-278. L'usage polémique de cette expression remonte à Bernard de Clairvaux, *De consideratione ad Eugenium papam*.

universel, l'Église s'abstient de perturber l'exercice du pouvoir des rois et des princes : au pouvoir terrestre de s'occuper des choses matérielles. Mais dans certains cas (qui sont détaillés), en vertu de la supériorité de son pouvoir spirituel, le pape peut exercer une juridiction temporelle. Ici, Gilles dépasse le dualisme pour revenir au thème de l'unité fondamentale du pouvoir, thème qu'il exploitait à fond dans son pseudo-sermon par un développement sur la *monstruositas* d'un pouvoir à deux têtes. Le pape dispose de la *plenitudo potestatis*, un pouvoir que l'on peut dire céleste. Le titre du dernier chapitre résume le message de l'œuvre : « En l'Église est une telle plénitude de pouvoir que sa puissance est sans poids, sans nombre et sans mesure »[1].

En fait, un tel résumé est un peu réducteur, en ce qu'il fait disparaître l'impression produite par la puissance de la langue. La construction répétitive du traité masque la force de l'argumentation de Gilles, notamment sur deux points. Tout d'abord, la conception égidienne du pouvoir est une conception hiérarchique, dérivée de sa lecture du pseudo-Denys l'Aréopagite. Comme l'ont relevé l'abbé Rivière et David Luscombe[2], Gilles établit un puissant syllogisme : majeure, tout pouvoir vient de Dieu (saint Paul, Rom. 13, 1) ; mineure, mais ce pouvoir est ordonné (pseudo-Denys) : conclusion, le glaive temporel est soumis au spirituel. Tout ceci se retrouve dans la bulle *Unam sanctam*. Cette hiérarchie des pouvoirs s'intègre dans l'ordre divin du monde, dans une cosmologie qui s'élève des roches, des plantes et des animaux jusqu'à la divinité : l'univers physique de la nature est bien présent, tout autant que le pouvoir universel. Issue de la tradition dionysienne, cette conception de l'organisation des pouvoirs inspire aussi la position de Gilles sur la place des ordres mendiants dans l'Église[3], comme c'est elle qui donne aux anges une telle importance dans sa philosophie[4]. Un autre aspect original de la

1. « Quod in ecclesia est tanta plenitudo potestatis quod eius posse est sine pondere, numero et mensura » (citation de Sg 2, 22), R. Scholz (éd.), *Aegidius Romanus De ecclesiastica potestate, op. cit.*, p. 142 et 206.

2. J. Rivière, *L'Église et l'État. Étude de théologie positive*, « Spicilegium sacrum Lovaniense, 8 », Leuven-Paris, Champion, 1926, p. 476 ; David Luscombe, « The "Lex divinitatis" in the Bull "Unam Sanctam" of Pope Boniface VIII », *in* C. N. L. Brooke, D. D. Luscombe and G. H. Martin (eds.), *Church and Government in the Middle Ages. Essays presented to C. R. Cheney on his 70th Birthday*, Cambridge, Cambridge University Press, 1976, p. 205-221.

3. Y. Congar, « Aspects ecclésiologiques de la querelle entre mendiants et séculiers », *Archives d'histoire doctrinale et littéraire du Moyen Âge*, t. 36, 1961, p. 35-151.

4. T. Suarez-Nani, *Connaissance et langage des anges chez Thomas d'Aquin et Gilles de Rome*, Paris, Vrin, 2002 ; *Les anges et le philosophe. Subjectivité et fonction cosmologique des substances séparées à la fin du XIIIe siècle*, Paris, Vrin, 2002.

démonstration de Gilles est celui qui paraît contredire le plus nettement le *De regimine principum* : du fait du péché originel, l'homme ne peut accéder au bien et à la justice que par l'Église et ses sacrements, et surtout le baptême : sans lui, nul ne peut détenir quoi que ce soit légitimement sur cette terre, qu'il s'agisse du pouvoir royal ou de l'héritage des biens paternels. Le ton se fait ici menaçant : toucher à la souveraineté suprême du pontife, c'est mettre en péril la légitimité de toute propriété. Autrement dit, à l'ordre naturel – qui était celui du *De regimine principum* – se superpose l'ordre surnaturel de la création et du péché originel avec ses conséquences et c'est sur lui que se fonde la supériorité du pouvoir de l'Église et donc du pape, qui est en quelque sorte superposé à la structure des pouvoirs dans l'ordre naturel. Le *dominium* des rois et des seigneurs laïcs, quand il s'exerce dans l'ordre naturel des choses matérielles et obéit aux enseignements de l'Église, n'est nullement contesté. S'ils ressortent mal dans le plan du traité, ces éléments apparaissent au contraire nettement dans le lexique de Gilles.

Le traitement des deux textes a été fait avec le logiciel Hyperbase d'Étienne Brunet[1]. Les textes ont été étudiés sous deux formes, brute et lemmatisée[2]. Un premier résultat intéressant est fourni par le dictionnaire des lemmes des deux textes, classés par ordre de fréquence, qui permet une comparaison immédiate des lexiques : c'est la table 2. Les termes qu'on appelle parfois les mots outils (pronoms, conjonctions etc.) et qui ont les plus hautes fréquences n'ont pas été retenus ici, bien qu'ils puissent s'avérer très utiles pour certaines recherches. La table indique les fréquences brutes (le nombre d'occurrences) et les fréquences relatives (soit le nombre d'occurrences divisé par le nombre total des mots du texte) des cinquante lemmes les plus fréquents de chaque texte.

---

1. Voir http://ancilla.unice.fret http://logometrie.unice.fr/. Ce logiciel, créé par Étienne Brunet est gratuit et téléchargeable sur ces sites.
2. Les formes brutes sont celles du texte original, dont l'orthographe n'est pas normalisée ; les formes lemmatisées sont celles de la forme unique du mot, telles qu'elles sont retenues par les dictionnaires. La lemmatisation du *De regimine* est l'œuvre de Laura Albiero : elle est très complète, alors que celle du *De ecclesiastica potestate* dont je me suis chargé est plus rudimentaire.

TABLE 2 : LES 50 PREMIERS LEMMES DU *DE REGIMINE*
ET DU *DE POTESTATE*

	De regimine principum			De ecclesiastica potestate		
1	bonus/bonum	101,47	1618	habeo	140,22	1066
2	habeo	89,49	1427	possum	124,18	944
3	possum	84,47	1347	potestas	115,49	878
4	debeo	81,78	1304	ecclesia	105,76	804
5	dico	63,97	1020	dico	100,50	764
6	rex	55,81	890	temporalis	85,77	652
7	uideo	43,96	701	gladium	73,80	561
8	uirtus	42,14	672	spiritualis	72,48	551
9	homo	40,14	640	Deus	69,61	529
10	princeps	38,32	611	res	50,78	386
11	ciuitas	36. 75	586	debeo	49,20	374
12	facio	34,87	556	corpus	46,96	357
13	philosophus	34,30	547	dominus	34,85	265
14	ratio	33,64	532	Lex	34,46	262
15	deceo	32,23	514	bonus/bonum	33,67	256
16	regnum	31,86	508	anima	32,36	246
17	lex	31,17	497	summus	32,10	244
18	magnus	28,78	459	homo	31,44	239
19	naturalis	27,41	437	terrenus	31,18	237
20	opus	27,09	432	facio	29,86	227
21	filius	25,84	412	ius	29,73	226
22	primus	25,46	406	materialis	28,68	218
23	pars	25,21	402	ago	27,88	212
24	via	24,90	397	pontifex	27,88	212
25	bene	23,89	381	modus	27,62	210
26	ciuis	23,33	372	dominium	27,62	210
27	oporteo	22,33	356	ecclesiasticus	25,26	192
28	modus	21,26	339	iudico	24,47	186
29	domus	21,13	337	causa	22,76	173
30	communis	20,13	321	uideo	22,49	171

31	maxime	19,63	313	potencia	21,31	162
32	vita	19,50	311	rex	21,05	160
33	volo	19,13	305	volo	20,91	159
34	capitulum	18,81	300	capitulus	20,78	158
35	finis	17,74	283	virtus	20,65	157
36	communitas	17,50	279	pars	20,65	157
37	fio	17,50	279	iurisdiccio	19,34	147
38	uiuo	17,30	276	superior	19,07	145
39	proprius	17,25	275	ordino	18,81	143
40	regimen	17,25	275	fidelis	18,81	143
41	corpus	16,49	263	corporalis	18,41	140
42	uir	16,30	260	do	18,28	139
43	ordino	15,93	254	iudex	17,10	130
44	tertius	15,87	253	racio	16,71	127
45	contingo	15,68	250	princeps	16,18	123
46	natura	14,92	238	Christus	16,05	122
47	scio	14,80	236	subiectus	16,05	122
48	prudentia	14,42	230	regnum	15,92	121
49	intendo	14,11	225	iudicium	15,13	115
50	politica	13,73	219	possessio	14,99	114

À la lecture de cette table, une différence entre les deux textes saute aux yeux : si les nombres d'occurrence sont nettement plus élevés pour le *De regimine principum*, comme on pouvait s'y attendre puisqu'avec 159.454 mots le texte est beaucoup plus long que le *De ecclesiastica potestate* qui n'en a que 76.019, c'est l'inverse avec les fréquences relatives, surtout pour les neuf premiers rangs. On remarque deux paliers dans ces écarts, au rang 9 et au rang 13 : à partir de ce rang, l'écart persiste, mais il est très réduit. Parmi les mots des rangs 1-12, laissons de côté *habeo, possum, dico* et, à un degré moindre, *debeo* dont le rang est plus ou moins proche dans les deux traités, et nous nous trouvons avec six mots, *potestas, ecclesia, temporalis, spiritualis, gladium, Deus* auquel on peut rattacher, après le rang 9, les mots *res* et *corpus*. L'effet de répétition qu'induisent ces fréquences élevées est redoublé par le fait qu'ils sont utilisés dans des syntagmes qui reviennent sans cesse : il y a 159 occurrences de *potestas terrena*, 92 de *potestas spiritualis*, 70 de *potestas ecclesiastica*, 44 de *plenitudo potestatis*, 38 de *potestas regia* ou *regalis*, 27 de *potestas sacerdotalis*, auxquelles on peut ajouter des formules plus complexes, telle qu'*omnis potestas est a Deo*, ou *potestas nisi a Deo*. De même, *gladius* est lié 138 fois à *materialis* (l'expression *materialis gladius ad nutum* revenant 13 fois), et 77 fois à *spiritualis* : on retrouve ici la théorie des deux glaives, mais le déséquilibre numérique en faveur du *gladius materialis* s'explique par le fait qu'il appartient non seulement aux rois, mais aussi au pape. La structure du lexique traduit ainsi clairement la visée programmatique du *De ecclesiastica potestate* qui assène et martèle son message.

Au contraire, le *De regimine principum* déroule paisiblement sa démonstration, le seul syntagme constamment répété (*rex/reges* et *princeps/ principes*) signalant seulement l'ambition de s'adresser au-delà des rois à tous ceux qui ont une part de responsabilité dans le gouvernemental. Le bien (commun) est la préoccupation dominante et il faut qu'il devienne l'objectif des dirigeants : d'où les occurrences élevées des verbes exprimant le devoir (*debeo*), l'intention (*intendo*), la convenance (*deceo*) ou la nécessité (*oporteo*)[1]. Si *virtus* et *racio* se retrouvent à un assez bon rang dans le *De ecclesiastica potestate*, les mots qui traduisent l'influence du *Philosophus* Aristote, *regimen*, *natura*, *naturalis* (respectivement 55, 37 et 100 occurrences) n'y figurent qu'à des rangs plus éloignés et sont donc caractéristiques du *De regimine principum* ; quant à *prudentia*, il n'a que deux occurrences. Tous les mots du *politicus* (deux occurrences seulement dans le *De ecclesiastica potestate*) accentuent également la tonalité aristotélicienne du traité, alors qu'ils sont totalement absents du *De ecclesiastica potestate* (c'est le cas de *civis*, *civitas* et *communitas*) ou n'y ont qu'une moindre ou très faible fréquence, comme *communis* et *domus* (respectivement 53 et 4 occurrences).

La lexicométrie permet d'aller plus loin et d'éclairer le champ sémantique de chaque mot en explorant ses contextes et son environnement syntagmatique. Il existe plusieurs méthodes pour le faire, notamment l'utilisation de l'écart réduit pour mesurer l'attraction entre deux mots. De la fréquence d'un mot dans la totalité d'un corpus (*n* dans les tables qui suivent), on peut déduire une fréquence attendue

---

1. Dans le *DRP*, l'épithète *bonus* a 524 occurrences et le substantif *bonum* 1094 : dans son environnement thématique, on trouve en premier *communis*, et en second *intendo* ; *bonitas* a 118 occurrences.

dans une sous-partie du corpus en fonction de sa longueur[1]. Remplaçons *corpus* par *De ecclesiastica potestate* ou *De regimine principum*, et la sous-partie par l'ensemble des paragraphes où se trouve le mot-pôle que l'on veut étudier : le nombre des occurrences des mots (*p* dans les tables) qui s'y trouvent est comparé à celui qu'ils ont dans l'ensemble du texte et le calcul de l'écart (*écart*) donne la liste hiérarchisée des mots qui se trouvent proches du mot-pôle[2]. Ces résultats peuvent être représentés par des tables ou par des graphiques. La place étant comptée, je ne présenterai ici que quelques réflexions sur trois exemples d'« attirances » autour de mots-clés.

Et d'abord *Deus* : la toute-puissance du *Deus* du *De ecclesiastica potestate* est parfaitement illustrée par le *a* de *ab*. Tout nous vient de Dieu, dont nous ne sommes que la créature (*creatura*), une créature qui doit se montrer digne de son créateur, en dépit du péché originel. Et à l'appui de cette vision sévère revient sans cesse le nom de son principal inspirateur, Augustin. Au reste Dieu règle le cours (*cursus*) des choses de telle sorte qu'il n'ait pas à intervenir, si ce n'est en des circonstances exceptionnelles, permettant (*permitto*) à ceux qui en ont la charge d'accomplir leur office. Le Dieu du *De regimine principum* apparaît assez différent et plus aimable : ce Dieu sur l'univers (*universus*) est celui de la grâce divine et de l'amour et c'est en lui que les hommes qui doivent s'efforcer d'en avoir la connaissance (*notitia*) doivent placer (*pono*) leur félicité (*felicitas*), y compris leur espoir d'une félicité éternelle.

---

1. Dans HYPERBASE, on utilise la fonction contexte et le bouton « Thème ». Voir É. Brunet, *HYPERBASE. Manuel de référence. Version 5. 4 pour Windows*, s. l., 2002, p. 35-47 ; et, d'une façon générale, P. Lafon, « Statistique et lexicométrie : position des problèmes », http://www.menestrel.fr/IMG/pdf/LAFON.pdf.

2. Effet du découpage en paragraphes, le mot pôle, s'il se trouve plus d'une fois dans chacun des paragraphes, peut avoir dans le sous-texte une fréquence supérieure à celle qu'il a dans l'ensemble du corpus : ici, *Deus*, 116 occurrences pour 114 dans le *DRP*, ou *rex*, 905 pour 890 dans le *DRP* ; un autre effet du mode de calcul est de donner de l'importance à des mots peu fréquents : ainsi dans les contextes de *Deus* dans le *DRP*, *caritas* apparaît alors qu'il n'a que 5 occurrences ; mais ces 5 occurrences sont toutes dans le voisinage de *Deus*.

TABLE 3 : *DEUS*

	Écart	n	p				
Deus	33.48	114	116	Deus	37.58	538	581
divinus	9.62	119	32	a	9.00	482	243
felicitas	7.62	172	30	creatura	7.62	33	31
notitia	7.30	39	15	Augustinus	6.54	46	36
premium	6.86	9	8	dignus	5.93	91	56
universus	6.31	27	11	cursus	5.75	16	16
beatus	6.08	9	7	permitto	5.74	8	11
pono	6.07	195	26	originalis	5.62	24	21
caritas	5.50	5	5	fides	5.35	20	18
bestia	5.46	59	13	offero	5.23	29	23

Les rois du *De regimine principum* et du *De ecclesiastica potestate* sont encore plus éloignés l'un de l'autre. Le roi – ou *princeps* – du *De ecclesiastica potestate* est un roi « constitué » par le sacerdoce. C'est Samuel qui a fait de Saül un roi, et s'il a été roi auparavant, Melchisedech (qui apparaît dans la table un peu après le dixième rang) était lui aussi prêtre. La royauté du *De ecclesiastica potestate* est d'abord la royauté biblique et le roi doit d'abord se conformer à la loi divine telle qu'elle est contenue dans le Deutéronome. Le roi *et* le *princeps* du *De regimine principum* est roi en son royaume, qu'il doit diriger (*regere*) avec ses attributs et ses moyens royaux d'une façon qui doit différer en tout de ce que ferait le *tyrannus*.

TABLE 4 : *REX*

Rex	37.54	890	905	Rex	36.96	165	177
princeps	36.78	611	507	princeps	10.34	123	53
deceo	27.58	514	380	constituo	9.62	66	36
regnum	19.69	508	309	sacerdos	8.65	92	39
debeo	13.18	1304	511	Samuel	7.01	11	11
et	11.56	7649	2229	lex	6.59	260	59
tyrannus	11.51	154	101	sacerdocium	6.58	97	32
Maxime	9.87	313	152	castrum	6.35	13	11
rego	7.84	187	93	populus	6.17	84	28
regius	7.40	95	56	Regnum	5.49	122	32

Mais c'est peut-être avec l'homme que la différence est à la fois la plus nette et la plus intéressante. L'*homo* du *De regimine principum* est celui de la vie, celui de la vie animale et naturelle ou, pour parler comme Giorgio Agamben[1], celui de la *zoe* c'est-à-dire de la vie nue, mais avec un *impetus* qui le pousse à être un animal social ou politique (*quod homo naturalem impetum habeat ut sit animal sociale*[2]) se différenciant ainsi des autres animaux grâce à la parole qui lui permet justement cette vie sociale[3]. L'homme du *De ecclesiastica potestate* est d'abord et avant tout celui de la création, un homme double (*duplex*) qui est composé d'une âme et d'un corps. On ne saurait rêver d'une opposition plus forte que celle qui est ici manifeste entre l'*homo-animal* du *De regimine principum* et l'*homo-anima* du *De ecclesiastica potestate*, mais le plus intéressant est peut-être l'arrivée du terme *gubernacio* dans le champ sémantique de l'*homo* du *De ecclesiastica potestate*. Les mots dont la racine est *gubern*... sont très rares dans la littérature « politique » avant Aristote : ils n'apparaissent qu'à 16 reprises (fréquence relative 0,53) dans le *De civitate Dei* d'Augustin et à 10 reprises dans le *Policraticus* de Jean de Salisbury (fréquence relative 0,60), alors que leurs scores sont beaucoup plus élevés dans les traités écrits sous l'influence d'Aristote : 76 occurrences (fréquence relative 12,66) dans le *De regimine principum* composite de Thomas d'Aquin et Ptolémée de Lucques, 99 dans le *De regimine principum* et 110 dans le *De ecclesiastica potestate* (fréquences relatives 6,18 et 15,71).

Or ces termes ont en fait une longue histoire, qu'a excellemment retracée Michel Sénellart[4] : ils n'appartiennent pas au lexique du politique, mais à celui de la pastorale, où ils ont été introduits, dans un parallèle

---

1. G. Agamben, *Homo sacer*, t. I, *Le pouvoir souverain et la vie nue*, Paris, Seuil, 1995, p. 9-10.

2. *Aegidii Columnae [...] De regimine principum libri III*, p. 216.

3. *Ibidem*, p. 217-218 : « Et quia hoc fieri non potest, nisi simul cum aliis conuiuamus : naturale est homini simul conuiuere cum aliis, et esse animal sociale. Unde et Philosophus 1 Politicorum inter alias rationes, quas tangit, probantes hominem naturaliter esse sociale animal, potissime innititur huic rationi, videlicet, quod quis sermo est ad alterum ut ad socios, ex quo natura dedit homini sermonem, quem non dedit animalibus aliis, sequitur hominem magis naturaliter esse animal sociale, quam animalia cetera. Quare si sic naturale est, hominem esse animal sociale : recusantes societatem, et nolentes ciuiliter viuere, ut supra in primo libro tetigimus, et ut infra tangentur, quasi non viuunt ut homines ; vel ergo hoc contingit eis, quia deficiunt a modo humano, et tunc sunt quasi bestiae ; vel quia modum humanum excedunt, cuiusmodi sunt viri contemplatiui, et tunc sunt quasi dii ».

4. M. Sénellart, *Les arts de gouverner. Du* regimen *médiéval au concept de gouvernement*, Paris, Seuil, 1995, p. 27-31.

entre le gouvernement des corps par les médecins et celui des âmes par les prêtres, par Grégoire de Naziance, dont Grégoire le Grand a transmis l'enseignement à l'Occident latin. Les dominicains se sont emparés de ce vocabulaire, mais ici Gilles de Rome combine son origine pastorale au sens politique qu'il lui avait donné dans le *De regimine principum* puisqu'il démontre que non seulement le pouvoir spirituel peut et dans certains cas doit exercer le gouvernement des hommes, mais encore qu'un bon gouvernement des hommes ne peut se faire sans la contribution du pouvoir spirituel.

TABLE 5 : *HOMO*

Homo	37.58	640	661	Homo	34.42	232	236
vivo	13.22	276	143	anima	7.84	253	97
animal	13.09	151	97	gubernacio	7.23	61	36
naturalis	12.48	437	188	cibus	6.80	29	22
bestia	10.55	59	47	caro	6.28	45	27
natura	9.35	238	105	duplex	6.11	12	12
naturaliter	9.35	177	86	imaginem	5.70	13	12
vita	9.16	311	125	corpus	5.67	347	105
impetus	7.68	48	33	compono	5.11	15	12
constituo	6.43	95	45	terra	4.84	77	32

Quelques mots suffiront pour caractériser les différences entre les champs sémantiques de *lex* dans les deux traités. Ici, il y a deux mots communs aux deux listes, *observo* et *condo*. Mais dans le *De regimine principum*, il s'agit avant tout de la loi humaine, donc positive, et de son application : au législateur qui la crée, s'adjoint le juge qui doit assurer le respect de ce qui est juste et légal, puisque ces deux qualités sont interdépendantes. En revanche, dans le *De ecclesiastica potestate*, il s'agit du passage de la loi de nature à la *lex scripta* et à la *lex gratiae*, ou encore de la *lex communis* qui gouverne le monde. Là aussi, donc, une nette différence.

Table 6 : *Lex*

Lex	37.58	497	528	Lex	37.58	260	308
legalis	13.34	57	45	observo	11.65	16	22
iustus	11.77	106	55	communis	10.53	53	38
iudex	9.96	76	40	contingo	9.60	19	20
legislator	9.59	49	31	condo	8.89	21	20
positiuus	9.15	50	30	scriptus	8.24	12	14
condo	8, 69	22	19	natura	7.69	37	24
observo	8.43	78	35	cursus	7.47	22	24
agibilia	7.97	52	27	guberno	6.75	49	25
humanus	7.92	135	45	gracia	6.44	35	20

Roberto Lambertini termine sa récente analyse de la pensée politique de Gilles de Rome en remarquant qu'il est difficile de dire s'il existe une théorie politique égidienne[1]. Il a raison, mais il me semble que l'on peut avancer deux réponses. À dire vrai, la première esquive la vraie question : aux yeux de ses lecteurs, c'est la vision aristotélicienne du gouvernement de la société humaine qui s'est imposée comme la politique égidienne, puisque l'autre, si elle a eu des effets puissants par son écho la bulle *Unam sanctam*, n'a été que fort peu lue. Mais il me semble qu'une deuxième réponse serait possible à travers l'étude détaillée du lexique de ses principaux traités dont on n'a trouvé ici qu'un simple exemple. L'impression qui demeure est que quand Gilles écrit dans le *De ecclesiastica potestate* que « principatus non est aliud, nisi quedam potencia regendi et gubernandi gubernabilia que sunt illi principatui supposita »[2], il revendique la validité de ce qu'il a écrit dans le *De regimine principum*, ce qui ne l'empêche pas de se lancer dans sa revendication exaltée de la suprématie du pouvoir pontifical. En fait, il ajoute à sa construction politique dans l'ordre de la nature un étage supplémentaire, dans le monde du surnaturel. Il utilise souvent les mêmes mots, mais ils n'ont pas même sens dans chacun des deux étages. D'où la difficulté réelle, mais la sémantique pourra nous aider à la surmonter.

---

1. « It is difficult to say whether an Aegidian political theory exists », R. Lambertini, « Political Thought » *in* Ch. F. Briggs and P. S. Eardley (eds.), *A Companion to Giles of Rome*, Leiden-Boston, Brill, 2016, p. 274.
    2. R. Scholz (éd.), *Aegidius Romanus de ecclesiastica potestate... op. cit.*, p. 168.

DAL MODELLO IDEALE DI GOVERNO CONDIVISO DA PARTE DI UN'ARISTOCRAZIA DI SANTI ALLA FIGURA DEL RE COME VICARIO DI DIO PADRE E VICEVERSA. ELEMENTI DISCONTINUI DI TEOLOGIA POLITICA IN JOHN WYCLIF

STEFANO SIMONETTA

Uno dei quesiti da cui ha preso le mosse questo colloquio internazionale è se i concetti politici del Medioevo cristiano siano « concetti teologici secolarizzati », secondo la nota definizione di Carl Schmitt. Ebbene, nel caso della figura su cui concentrerò la mia attenzione, il filosofo, teologo e riformatore inglese John Wyclif (1330ca-1384), la risposta è senza dubbio sì. Una conferma in tal senso viene da un esame della riflessione che egli dedica al potere così come essa si sviluppa negli anni compresi fra la stesura del *De dominio divino* (1373-1374) e gli ultimi scritti : una riflessione entro la quale – come stiamo per vedere – si alternano, in maniera discontinua e sostanzialmente circolare, due elementi-chiave della teologia politica wycliffiana, vale a dire il linguaggio politico della monarchia di diritto divino, del re che domina *vice Dei*, e quello – non scevro di venature escatologiche – dell'« aristocrazia dei santi » in cui il pensatore inglese individua il suo modello di governo ideale.

I

Il nostro percorso lungo l'evoluzione del pensiero di Wyclif in merito al tema del potere prende avvio dal secondo libro della sua somma teologica, il *Tractatus de statu innocencie* (1376). Qui, nell'ambito di una ricostruzione ipotetica dell'originaria condizione d'innocenza, che si fonda sulla testimonianza della Scrittura debitamente integrata dalle supposizioni della ragione («probabilis racio»[1]), troviamo descritta anche la forma esemplare di organizzazione sociale propria degli uomini prima della Caduta di Adamo : un particolarissimo sistema di (auto) governo che si traduceva in una signoria di tutti gli esseri umani su tutto e che, oltre a escludere qualsiasi possedimento personale, non prevedeva – non essendovene alcuna necessità – né stati, né giurisdizioni coercitive, né corpi normativi, all'infuori della legge divina[2]. E neanche tasse (un vero paradiso fiscale, in senso letterale !) :

> Dico quod optimum regimen humani generis foret quod servaret ex integro statum innocencie cum exaccione deposita. Sic enim deus instituit regimen humani generis et perficietur post diem iudicii[3].

Nell'economia del discorso di Wyclif questo paradigma di società, destinato a trovare la sua realizzazione più completa dopo il giorno del Giudizio, riveste innanzitutto una funzione regolativa, costituendo il metro di giudizio («mensura»[4]), lo sfondo ideale, tramite cui valutare ogni tipo di associazione umana. Periodicamente, tuttavia, tale paradigma assume anche il ruolo di proposta concreta ; non solo nei reiterati richiami alla possibilità di dar vita a esperienze di dominio condiviso ispirate al principio secondo cui ai giusti appartiene l'intero creato, ma anche nelle numerose pagine ove il *Doctor evangelicus* indica come miglior assetto costituzionale quello nel quale la guida della comunità è affidata a un gruppo di saggi che governa unicamente sulla base della Bibbia.

> Probatur quod optima policia foret populum regi pure secundum legem divinam per iudices. Nam de quanto policia est, pro statu lapsus, statui innocencie propinquior, de tanto est melior atque perfeccior ; sed policia predicta aristocratica foret statui innocencie similior, ergo perfeccior[5].

Qui va osservato come questa netta presa di posizione in favore dell'adozione di un sistema di governo aristocratico non discenda tanto dall'idea che esso sia quello maggiormente in grado di ricreare le condizioni in cui gli uomini si trovavano nello stato d'innocenza[6], ma si

---

1. Cf. *Tractatus de mandatis divinis, accedit Tractatus de statu innocencie*, I. Loserth and F. D. Matthew (eds.), London, K. Paul & Co., 1922, cap. 1, p. 475 e 3, p. 493.

2. *Ibid.*, 4, p. 499 e 6, p. 505-508.

3. *Tractatus de officio regis* (d'ora innanzi, *DOR*), A. W. Pollard and C. Sayle (eds.), London, Trübner, 1887, 12, p. 261-262.

4. *Tractatus de civili dominio liber primus* (d'ora in poi, *DCD-I*), R. L. Poole (ed.), London, Trübner, 1885, 14, p. 99.

5. *DCD-I*, 27, p. 192.

6. Condizioni non del tutto compatibili con l'esercizio del governo da parte di un nucleo ristretto di individui.

ispiri soprattutto alla forma di *dominium* collegiale e al meccanismo di condivisione delle decisioni che, secondo la testimonianza della Scrittura, contraddistingueranno, « in die finalis iudicii », la « societas » di quanti sono destinati a salvarsi, dal momento della venuta del Signore :

> Omnis creatura beata per manus Mediatoris Dei et hominum habebit omnia […]. Et sic omnes et singuli concives, ut socii, erunt reges, *heredes Dei et coheredes Christi* (Rm. 8, 17), habentes omnia in communi. […] Et si iusti viantis sint omnia, multo magis iusti membri Christi, cum capite conregnantis[1].

L'« aristocrazia dei santi » che Wyclif propone ciclicamente quale governo ideale è modellata sull'*exemplar* dei beati che parteciperanno della gloria di Cristo-re e ne rappresenta una sorta di anticipazione (ovviamente imperfetta), di prefigurazione : come la chiesa costituisce il corpo mistico di Cristo[2], così quelli cui il nostro autore si riferisce spesso con la formula « viri apostolici » – o « ewangelici » – sono già chiamati, in determinate circostanze, a sedere figurativamente accanto al suo trono e a giudicare con lui[3]. La soluzione prospettata da Wyclif, quindi, prevede la formazione di comunità, di dimensioni più o meno grandi[4], rette – o, in linea del tutto teorica, interamente costituite – da una confraternita di individui (indicati talora con il termine « iudices ») i quali governano collegialmente sulla sola base della *lex divina* e non detengono alcun dominio civile[5], bensì unicamente un « regimentum ewangelicum »[6] che non comporta né una giurisdizione coercitiva né forme di possesso personale[7].

---

1. *De dominio divino libri tres* (d'ora innanzi, *DDD*), R. L. Poole (ed.), London, Trübner, 1890, III, 3, p. 223.
2. Col quale condivide ogni bene. Si veda in part. *DCD-I*, 14, p. 103 : « beatus Augustinus, epistola xxxiii. ad Bonifacium […] probat multipliciter quod corpus Christi misticum habet omnia bona mundi : primo per illud apostoli, 1 Cor. III, 22-23, *Omnia vestra sunt; vos autem Christi, Christus autem Dei* […] et tercio per illud Sapient. x, 19, *Thezaurizantur iustis divicie impiorum* ».
3. In analogia con quanto faranno insieme a Gesù Cristo i suoi santi, alla fine dei tempi.
4. Talora egli pare considerare il modello applicabile al regno inglese, in altre pagine alle singole « ecclesie militantes ».
5. Si veda per es. *DCD-I*, 28, p. 205 : « iudicum est pure lege Dei regulare populum et regum civiliter cohercere ».
6. *Ibid.*, 11, p. 73.
7. « Idem patet de regimine ecclesie triumphantis, ubi cessabit omne civile dominium », *DCD-I*, 27, p. 192-193.

Ora, ciò che agli occhi del *Doctor evangelicus* rende la « policia iudicialis » nettamente superiore a qualunque monarchia[1] (il regime democratico non viene mai preso in considerazione!) è soprattutto la peculiarità descritta in precedenza, ossia il suo prefigurare la forma di comunità che si instaurerà a partire dal giorno del Giudizio. Ma a far pendere la bilancia a favore di un « governo dei giudici » – la cui natura oscilla, nelle affermazioni di Wyclif, fra l'irrealizzabile utopia politico-religiosa, una sorta di principio-speranza e la strada concretamente praticabile – contribuisce anche il precedente del regime scelto in origine da Dio per il suo popolo eletto[2] – a sua volta *figura*, « umbra », del « trono di gloria » su cui siederà Cristo[3] – nonché il modo estremamente negativo in cui Dio risponde al profeta Samuele, costretto a farsi portavoce presso di lui del desiderio della gente d'Israele di essere retta da un monarca (cfr. *1 Sam.* 8, 4 sgg. e *Os.* 13, 9-11).

> Quod Deus aliam policiam gencium reprobavit [...] patet I Reg. VIII., ubi populus sic alloquitur Samuelem : *Constitue nobis regem ut iudicet nos, sicut universe habent naciones. Displicuitque sermo in oculis Samuelis, eo quo dixissent, Da nobis regem ut iudicet nos, et oravit ad Dominum. Dixitque Dominus ad Samuelem, Audi vocem populi in omnibus que loquitur tibi. Non enim te abiecerunt, sed me, ne regnem super eos.* Ecce plane reprobacio policie regalis [...]. Et illud expressius declaratur Osee XIII. 9-11, ubi sic scribitur : *Israel, ubi est rex tuus?... et iudices tui, de quibus dixisti, Da michi regem et principes? Dabo tibi regem in furore meo*, etc. Et patet quod policia quam Deus instituit sit melior policia gencium extorta culpabiliter a Iudeis[4].

A giudizio di Wyclif, la lettura in sinossi dei due passi biblici appena ricordati prova inequivocabilmente come il Dio d'Israele abbia accolto la richiesta di avere un re avanzata dal suo popolo peculiare con un moto

---

1. « Cum ergo quidquid est in genere, sit eo perfeccius quo est perfectissimo generis sui propinquius, sequitur quod aristocratica foret melior monarchia », *ibid.*, 27, p. 193. Contro quest'ultima forma di governo giocano anche le parole con cui Cristo fece espressamente divieto agli apostoli di strutturare la loro comunità secondo un modello monarchico (Luc. 22, 24-26) : cf. *DCD-I*, 27, p. 192 e *Tractatus de civili dominio liber tertius*, 11, I. Loserth (ed.), London, Trübner, 1903-1904, p. 187-188.

2. Si veda per es. *DCD-I*, 27, p. 194 : « Item illam policiam Deus populo peculiari instituit et aliam policiam gencium reprobavit; sed ipse non potest decipi, ymmo ordinacio sua trahenda est a politicis in exemplum; ergo illa policia est gentili policia prestancior ».

3. « Creditur quod omnes iudices legis veteris istum supremum iudicem figurarunt, et sicut figuratum est prestancius umbra sua, sic Chistus figuratus per omnes iudices legis veteris prestancior est eisdem », *Responsiones ad argumenta cuiusdam emuli veritatis*, 1, in *Opera Minora* (d'ora in poi, *OM*), J. Loserth (ed.), London, K. Paul & Co., 1913, p. 260.

4. *DCD-I*, 27, p. 194.

d'ira, di « furia », e a titolo di ritorsione per la mancanza di gratitudine ch'esso aveva mostrato nei suoi confronti. Al pari di altri teorici politici soffermatisi su tale episodio (per es. Giovanni di Salisbury e Tolomeo da Lucca), il *Doctor evangelicus* adduce come ulteriore elemento a carico della monarchia il fatto che Dio ingiunga a Samuele di preannunciare chiaramente al popolo quali sarebbero state le prerogative del re (« ius regis ») che per sua concessione avrebbe governato su di loro da quel giorno in avanti, inclusa quella secondo cui il monarca avrebbe potuto fare ciò che gli pareva dei figli dei sudditi e requisire loro campi, vigne, oliveti, servi e animali (cfr. *1 Sam*, 8, 9-16).

Wyclif ha però cura di sgombrare il campo da un possibile equivoco : il fatto che sia stato concesso al popolo di Israele per punirlo del suo immane peccato non inficia la legittimità del regime monarchico né esclude che esso possa risultare una soluzione « racionalis et salubris »[1], come vedremo fra breve. In questo modo, il pensatore inglese scongiura il rischio di una sostanziale identificazione fra governo regale e regime tirannico, tramite una strategia adottata nel secolo successivo anche dal suo conterraneo John Fortescue, strategia che consiste nel precisare come lo « ius regis » appena descritto sia la conseguenza specifica del peccato d'ingratitudine commesso verso Dio dal suo popolo peculiare e, dunque, non caratterizzi ogni *regnum*, bensì soltanto quello d'Israele[2].

Il cenno a Fortescue (1395ca.-1477ca.), fra i principali teorici politici del XV secolo, ci offre l'occasione di segnalare come il riferimento al caso del regno condiviso di Cristo e dei suoi santi giochi un ruolo rilevante anche all'interno della dottrina costituzionale racchiusa nei suoi scritti e incida sulla sua presa di posizione in favore del « dominium politicum et regale », ossia di un regime misto ove il re non può governare il popolo se non con leggi cui esso dà il suo assenso attraverso il parlamento, a differenza di quei sistemi di governo assoluti in cui chi siede sul trono opera esclusivamente in base al proprio arbitrio, così come Dio regge il creato :

> [...] leges regis regaliter et politice populum suum gubernantis similes sunt legi Dei qua in patria pace quam optant reguntur omnes Beati

---

1. Cf. *DCD-I*, 27, p. 195-196 ; si veda anche *De servitute civili et dominio seculari*, 4, in *OM*, p. 158, ove si esplicita che il passo di Osea non va inteso come se Dio avesse agito letteralmente in preda alla furia « vel vacuus racione ».

2. Al riguardo si accostino *DCD-I*, 27, p. 197-198 e *Opusculum de Natura Legis Naturae et de ejus Censura in Successione Regnorum Suprema* (1462ca.), in *The Works of Sir John Fortescue*, Thomas Lord Clermont (ed.), London, 1869, vol. I, l. 13, p. 75 e l. 16, p. 77.

coregnantes cum Christo, quorum senatores quidam sedent super tronos homines judicantes, et quidam etiam angelos judicabunt; ubi non aberit concensus omnium civium in singulis judiciis Regis[1].

Fortescue ha quindi in comune con Wyclif una concezione del governo come impresa collettiva e la predilezione per una forma di sovranità condivisa che prefigura e, nello stesso tempo, ha per archetipo la condizione dei « beati coregnantes cum Christo ».

II

Torniamo adesso a concentrarci sulla riflessione che Wyclif dedica al potere e vediamo cosa determini il temporaneo accantonamento del linguaggio teologico-politico utilizzato per formulare il progetto di un'aristocrazia dei santi e il crescente ricorso a un altro degli elementi-cardine della sua teologia politica, vale a dire la dottrina della monarchia di diritto divino.

In realtà, se si tiene conto delle caratteristiche della « policia iudicialis » che abbiamo preso in esame sin qui, appare piuttosto evidente perché Wyclif, pur ritenendola in linea di principio la migliore delle forme costituzionali, la consideri inattuabile alla luce della situazione prodottasi in seguito al peccato originale, che può essere affrontata con efficacia solo facendo ricorso alla « gentilis policia » :

> Est expedicius ecclesie, supposito peccato populi effreni ex rebellione divinis legibus durius cohercendi, quod sint reges civiliter punientes, quam quod cum illis paribus sint soli apostolici, pure secundum legem ewangelicam populum regulantes. [...] Scio quod melius foret simpliciter totam ecclesiam pure secundum legem ewangelicam regulare; cum melius foret quod peccatum populi illud officium {regum} non exigat, sed servaret ex integro regulam caritatis; et tamen est expedicius esse reges[2].

Wyclif è consapevole dei pericoli insiti in qualsiasi regime monarchico, sempre passibile di degenerare in tirannide[3], ma si trova costretto a

---

1. *De Natura Legis Naturae*, I, 1. 22, p. 84.
2. *DCD-I*, 27, p. 198.
3. Si consideri in part. *DCD-I*, 28, p. 205 : « Melius esset ecclesiam pure per iudicem quam per civiles dominos regulari, quia officium regis pronius est ad tyrannidem ». Il nostro autore è convinto che, rispetto ai « giudici », i re siano assai più portati ad abusare delle loro prerogative e « ad libidinosius dominandum », *ibid.*, 27, p. 193. « Et ista – si legge poco oltre – videtur mihi sentencia Aristotelis, tercio Politicorum, capitulo xvi., ubi vult non expedire unum regnare super plurimos pariter virtuosos, sed aristocracia foret prestancior, cum cura multorum virtuose regencium magis proficeret », *ibid.*, 28, p. 205.

rivalutarlo, sebbene in virtù di una circostanza accidentale, « occasione peccati populi »[1]. Nel *Tractatus de officio regis* (1379), lo scritto ove formula con maggiore chiarezza il suo progetto di riforma politico-religiosa dell'Inghilterra, egli muove dalla constatazione di un'impossibilità : con la primigenia condizione d'innocenza, gli uomini hanno perduto anche l'opportunità di vivere sotto la forma ideale di governo, le cui peculiarità abbiamo avuto modo di vedere. La Caduta ha impoverito e depotenziato il genere umano non soltanto sotto il profilo morale e gnoseologico, ma anche dal punto di vista politico; l'atto di insubordinazione compiuto da Adamo ha trascinato nel fango della colpa tutti i suoi discendenti e ha privato l'umanità dell'originaria predisposizione al bene e alla socievolezza, determinando così un cambiamento nel possibile corso della storia del quale sarebbe anacronistico non tenere conto.

Come risultato, si è resa necessaria (« est melius pro nunc ecclesie »[2]) la formazione di un mosaico di monarchie territoriali estesosi sull'intera cristianità, grazie al quale si è potuto imporre, nelle diverse regioni, quella spontanea adesione alla *lex divina* e quella convivenza pacifica che nella condizione prelapsaria erano elementi naturali. Se, infatti, lo Stato è concepito da Wyclif – sulla scia della tradizione di matrice paolino-agostiniana – come *remedium peccati*, il farmaco che Dio ha imposto agli uomini di assumere per attenuare le ripercussioni del peccato del primo uomo sul piano della convivenza civile, tramite un rigido apparato normativo e la presenza di una serie di governanti-guardiani investiti di potere coercitivo, il nostro autore va progressivamente convincendosi che a poter svolgere nel modo migliore un ruolo simile, evitando che gli esseri umani si trasformino in « pesci che si divorano l'un l'altro »[3], siano i re :

> Lex civilis est necessaria, supposito peccato, ad regimen ecclesie, sed illa foret inutilis sine persona principaliter exequente, ergo talis persona est necessaria in ecclesia militante, et illa est rex. Ergo policia regalis est necessaria [...]. Si enim multi fuerint in populo dominantes, sed illis concurrentibus pro regimine reipublice, necesse est aliquem principalem, quia aliter non foret ordo in execucione actus politici, si omnes forent simpliciter equeparium potestatum[4].

1. *DCD-I*, 28, p. 206.

2. *DOR*, 12, p. 261-262.

3. *Cf.* Aurelius Augustinus, *Enarrationes in Psalmos*, 64, 9, E. Dekkers and J. Fraipont (eds.), « CCSL, 39 », Turnhout, Brepols, 1956, p. 832.

4. *DCD-I*, 26, p. 185-186.

Agli occhi disincantati del pensatore inglese, dunque, il *regimen regalis* arriva a rappresentare l'alternativa naturale, scontata (e obbligata), al precedente stato di cose, entrato irrimediabilmente in crisi col peccato originale : un'alternativa della quale si sarebbe di buon grado fatto a meno, se non ci si trovasse dinanzi a un'umanità macchiata in maniera indelebile. *Caduto homine*, l'opzione costituzionale « più conveniente » – e, nella stragrande maggioranza dei casi, l'unica strada percorribile – consiste nel conferire il governo di ciascuna comunità politico-religiosa della cristianità a un singolo individuo, deputato a punire i peccati del popolo cui è preposto e a reprimere il male presente nella porzione di mondo affidatagli, in quanto « baculum, virga et moderatum flagellum Domini »[1]. Un dovere che i re della terra assolvono su mandato di Dio, nelle vesti di suoi funzionari (« ministerialiter »[2]) e di braccio armato al suo servizio, come teorizzato in una celebre pagina dell'*Epistola ai Romani* (13, 3-4)[3].

> Regalia et secularis potestas huiusmodi est a malo ; quia stante ex integro statu innocencie et subducta prevaricacione humani generis non fuisset. Sed Deus misericors, videns duriciem cordis et rebellionem in homine, dominium istud ordinaverat pro medicina humani generis [...] et ordinavit seculares dominos, ut subditis medicinaliter sint flagellum[4].

In un simile scenario, Wyclif invita a essere sufficientemente pragmatici da rendersi conto che, nonostante i limiti del *regnum*, è già un gran risultato se la presenza nell'Europa cristiana di un certo numero di re evita il verificarsi del caso peggiore, ossia l'assunzione di incarichi di governo temporale da parte di ecclesiastici :

> Potest colligi quod optimum esset ecclesiam regi pure per non avaros apostolorum successores secundum regulam Christi ; minus bonum esset quod cum illo regimine permixta sint coactiva dominia potentatuum seculi ; sed pessimum omnium est quod prelati ecclesie secundum tradiciones suas inmisceant se negociis et solicitudinibus civilis dominii[5].

Deposto – in questa fase – il sogno di un governo dei santi, di una società concepita come riflesso della *congregatio* celeste di Cristo e dei

---

1. *DCD-I*, 27, p. 196. *Cf.* anche *ibid.*, p. 198 : « considerando se esse flagellum Domini ad puniendum peccata populi, de quo debet compaciens condolere ».

2. *Ibid.*, 26, p. 188.

3. « Habent enim officium divinitus approbatum », *DCD-I*, 26, p. 188. Si veda altresì *Iohannis Wyclif Sermones*, I. Loserth (ed.), vol. III, London, Trübner, 1889, 27, p. 211 : « rex, *vicarius Dei*, debet vindicative procedere ».

4. *De servitute civili et dominio seculari*, 4, in *OM*, 3, p. 158.

5. *DCD-I*, 27, p. 195.

giusti, Wyclif fissa come obiettivo minimo irrinunciabile quello di tenere tutti coloro che intendono seguire più da vicino l'esempio di Cristo – specie il clero – lontani dal « dominium civile coactivum vel regnacio », dato che quest'ultimo è uno strumento artificiale cui si è dovuti ricorrere dopo il peccato originale e risulta pertanto segnato indelebilmente dalla sua genesi negativa[1]. Il compito di impedire che gli uomini di Chiesa s'immischino negli affari mondani e accumulino ricchezze indebite costituisce per Wyclif l'aspetto più importante della funzione terapeutica assegnata da Dio ai re. Una funzione che – va notato – non comporta il conferimento di un'autorità illimitata, bensì soltanto l'affidamento, in custodia temporanea, a ciascun *rex* di una « modica mensura civilis dominii »[2], quella sufficiente a governare il suo popolo secondo la legge divina, punendo chi la infrange e premiando quanti vi si attengono[3].

Un monarca deve quindi essere sempre consapevole della natura « defectiva » del proprio potere : a giudizio di Wyclif, infatti, ogni dominio civile umano è meramente il frutto di un prestito da parte di Dio, che – in qualità di unico detentore della signoria sull'universo (« capitalis Dominus ») – sigla con ciascun signore terreno una specie di tacito accordo, tramite cui lo incarica di esercitare una specifica giurisdizione e di amministrare determinati beni, purché il suo « prestatarius » se ne avvalga per servirlo nel modo più consono[4].

Se è vero che l'autorità detenuta da quanti siedono sui troni è stata concessa loro « ad adiuvandum Deum potestative »[5] e che dunque, nell'esercitare il potere, essi contribuiscono a far sì che le rispettive comunità siano governate « secondo le norme fissate da Dio »[6], deve essere chiaro come il loro ruolo sia solo accessorio, poiché in realtà, senza il decisivo aiuto divino, essi non potrebbero alcunché. Ci imbattiamo qui nell'applicazione a un caso particolare, l'attività di governo dei re terreni, di una tesi esposta da Wyclif in alcune pagine della *Summa de Ente* – per esempio nel trattato che vi dedica alla scienza divina – e soprattutto nel volume introduttivo della sua *Summa Theologiae*, il già ricordato *De dominio divino* : mi riferisco all'idea che nel suo agire ogni creatura non sia altro che il mezzo attraverso cui Dio compie quella data azione. In

1. Si vedano al riguardo *De statu innoc.*, 10, p. 523, *DDD*, I, 1, p. 8, *DCD-I*, 11, p. 74, 18, p. 126-127 e *DCD-III*, 20, p. 412.

2. *DOR*, 11, p. 259.

3. *Ibid.*, 1, p. 7-8 : « Omnis potestas brachii secularis est ordinata a deo, sive in penam sive in premium ». « Ergo – commenta Wyclif – non licet sibi resistere ».

4. Si veda per es. *DCD-I*, 35, p. 254.

5. *DOR*, 1, p. 17.

6. Cf. *DCD-I*, 28, p. 205-206.

ambito teologico-politico, il principio secondo cui l'azione della causa seconda si dà unicamente in virtù dell'efficienza della causa prima si traduce nella convinzione che Dio concorra in misura preponderante («proprius», «principalius») in ciascun atto compiuto dal suo vicario in terra, il monarca, la cui causalità efficiente risulta perciò unicamente strumentale.

Questo principio, d'altra parte, può essere applicato, più in generale, all'operato di qualsiasi governante, secondo quanto esplicitato in una pagina del *De laudibus legum Angliae* di Fortescue[1], e dunque può anche venire addotto a sostegno di un modello di condivisione della sovranità sul genere di quello cui pensa Fortescue (ove a reggere congiuntamente la comunità sono re e parlamento) o quello teorizzato da Wyclif, come abbiamo visto, nei termini di un governo di Cristo e dei suoi santi.

> Si creatura quidquam produxerit, Deus prius et principalius illud efficit, cum concurrit in accione qualibet creature. Deus enim concurrit cum qualibet creatura communicative concausando cum illa, et preter hoc habet propriam causanciam in qua non communicat creatura. [...] Cum enim omnis creatura in agendo producit positivum effectum, et per consequens creaturam, oportet quod Deus concurrat, utens ea in proprio instrumento. [...] Et patet quod Deus principalissime, immediatissime, et propriissime efficit omne opus, principalissime, cum sit dux et archimotor in toto opere, immediatissime, quia pro mensura sua creat effectum sine adminiculo se iuvantis, sed creatura nichil facit, nisi mediante previa Dei movencia se iuvantis, et propriissime, cum agere proprius ascribitur supremo et principalissimo Agenti, quam suo postero instrumento. [...] Nos dicimus quod illa movencia est agencia. Cum serrator movendo serram serrat proprius sua serra : creatura vero (secundum Ysa. x. 15) se habet utpote serra Dei. [...] Cum omne agens secundum agit per Dei adiutorium principalius et eminencius coagentis, racionabiliter dicitur quod creatura, quidquid agit, agit mediante Dei movencia[2].

---

1. «A Deo etiam sunt omnes leges edite, que ab homine promulgantur. Nam, cum dicit Apostolus, quod *Omnis potestas a Domino Deo est*, leges ab homine condite, qui ad hoc a Domino recepit potestatem, etiam a Deo constituuntur, dicente Autore Causarum, *Quicquid facit causa secunda, facit et causa prima, alciori et nobiliori modo* », *De laudibus legum Angliae*, 3, S. B. Chrimes (ed.), Cambridge, Cambridge University Press, 1949, p. 8.

2. *DDD*, I, 10, p. 72-75. Si vedano anche *De ente praedicamentali*, R. Beer (ed.), London, Trübner, 1891, 13, p. 120 : «loquendo de motu, patet, quod claudit contradiccionem aliquid proprie agere, nisi moveatur a Deo, et sic recipiendo agenciam movetur creatura ; non tamen proprie per motum ad illam agenciam, ut per se terminum », *ibid.*, 14, p. 129, *De scientia Dei*, L. Campi (ed.), Oxford, Oxford University Press, 6, p. 171 e *De statu innoc.*, 9, p. 517 : «oportet supponere quod quelibet accio creature sit in manu Dei sic quod Deus, ut ait prophecia Ysa. X, 15, illa creatura utitur tanquam serra ».

Soltanto Dio dispone di una signoria assoluta, piena e immediata, che non esercita per interposta persona, « ut reges ceteri », in quanto egli fa, sostiene e governa direttamente tutto ciò che possiede, ossia ogni creatura[1]. Quest'ultima, invece, non muove mai un passo da sola, ma agisce sempre « sotto tutela » : compie qualsiasi azione con il contributo decisivo del creatore. Il medesimo discorso vale anche per tutti gli atti di potere che un individuo può compiere nelle sue eventuali funzioni di *dominus*, la cui validità dipende dal loro essere in sintonia con le direttive impartite « immediate » dal Re dei re ; in particolare, quando un governante terreno dona qualcosa a qualcuno, agisce per conto Dio, l'unico a donare in senso proprio[2].

Wyclif sa che una tesi simile sarà derisa da chi vuole impedire che i signori terreni si vedano sottrarre la facoltà di scegliere in totale autonomia chi ricompensare e come, ma si rifiuta di subordinare una palese verità teologica a interessi politici : « unde expediret dominos temporales recognoscere quod non sunt nisi ministri vel ballivi Domini, ut sic omnia quecumque fecerint, in nomine Domini Dei sui faciant »[3].

Col passare del tempo, tuttavia, il nostro autore appare sempre più interessato alle ricadute che le sue affermazioni circa il fatto che ogni « donacio » compiuta senza una precedente autorizzazione divina costituisca un abuso d'ufficio hanno su chi detiene un potere spirituale[4]. E così il suo principale obiettivo polemico diviene l'attribuzione al clero di un ruolo imprescindibile di mediazione fra Dio e fedeli.

> Nec videtur michi quod creatura donat proprie quidquam, sed, ut loquitur Scriptura, communicat vel ministrat, quia omnis creatura est solum administratoria. Ergo omnis homo est pure prestarius, accomodarius, et balivus Dei sui. [...] Similiter non est possibile hominem dare donum Dei legitime recipienti nisi Deus ipsum prius donaverit. [...] Scio tamen quod terminis istis contingit uti equivoce, ut sacerdos absolvit contritum a peccato, id est, verbis sacramentalibus in facie ecclesie absolutum ostendit : sed tunc oportet quod Deus prius naturaliter absolvat et peccatum remittat, occasione qua creatura non potest cum ipso concurrere[5].

L'eventuale dichiarazione di assoluzione pronunciata da un sacerdote ha efficacia e valore solo nella misura in cui segue l'intervento con il quale Dio scioglie da ogni peccato ciascun fedele sinceramente contrito.

1. Si consideri in particolare *DDD*, I, 5, p. 33.
2. *DDD*, III, 1, p. 205-206 e 6, p. 251.
3. *DDD*, III, cap. 6, p. 255.
4. Cf. *DDD*, III, 1, p. 206.
5. *DCD-I*, 36, p. 259-260.

Wyclif propone dunque una concezione dei sacramenti intesi come atti immediatamente divini e sottolinea come gli ecclesiastici siano soltanto gli ufficiali di cui Dio si avvale per dispensare qualunque dono spirituale e, in quanto tali, abbiano un'autorità « participativa vel subautentica »[1] :

> Sed quis tantum insaniret ut dicat creaturam autonomatice remittere Dei iniuriam, ymmo in quantum Deus concedit vicario suo potestatem ad hoc ipsemet prevenit remittendo, cum remissio stat in sola acceptacione divina, et conformiter solus Deus dat sic graciam, quia acceptat creaturam ad suam amiciciam, quod si eius vicarius, ut rex vel episcopus, facit instrumentaliter quevis signa et Deus antecedenter vel consequenter remittit peccatum, non propter ea remittit peccatum, sed sicut serra non intelligit vel edificat licet instrumentaliter ad hoc iuvat, sic est de Dei vicariis[2].

In ultima analisi, perciò, la tesi secondo cui la paternità delle azioni di qualsiasi « dominus creatus » va ascritta precipuamente a Dio finisce per incidere soprattutto sulla *potestas* sacerdotale, che ne esce drasticamente ridimensionata agli occhi di quanti vi sono sottoposti[3]. Ad attutire invece in misura considerevole l'impatto di tale tesi sul potere temporale – e in particolare sulla « regalia principum »[4] – è il modo in cui, almeno in una certa fase del suo pensiero, Wyclif si avvale di un altro elemento della teologia politica medievale[5], ossia la dottrina del duplice vicariato di Dio, con l'obbiettivo di sottolineare la natura peculiare – privilegiata e diretta – del legame che sussiste fra la divinità e i governanti secolari : il monarca è descritto come antitipo di Dio Padre, *imago Dei*, laddove i vescovi (ovunque sia la loro sede) prefigurano e rappresentano la natura umana di Cristo[6].

1. *DOR*, 6, p. 128.
2. *DCD-III*, 25, p. 596.
3. « Deus libere contradictorie dat sua carismata cuilibet christiano et ad nullam talem influenciam requiritur persona hominis disparata ; ergo nulla persona Romane ecclesie requiritur tamquam mediamen absolute necessarium ad regulandum ecclesiam », *DCD-I*, 43, p. 380.
4. *DOR*, 1, p. 9.
5. Convinto, erroneamente, di trarlo da Agostino (cf. *DOR*, 1, p. 10-13), mentre esso risale alle pagine di una raccolta di questioni sull'Antico e Nuovo Testamento opera di un autore anonimo (indicato a partire da Erasmo col nome di Ambrosiaster), contemporaneo dell'Ipponate.
6. Si veda per es. *DOR*, 1, p. 4. Più oltre, nel medesimo scritto, Wyclif accenna al fatto che, secondo alcuni maestri, il re ha una triplice forma di esistenza entro il suo regno « ad similitudinem dei » : individuale, cioè lo spazio che occupa come persona fisica in un dato momento, « presenciale », legata ai luoghi in cui si trova fisicamente ed è immediatamente percepibile, e virtuale, in quanto la sua autorità si estende all'intero regno (*ibid.*, 5, p. 92-93).

Ne risulta una disomogeneità di trattamento, un parziale squilibrio fra le due « auctoritates iurediccionales », che ricalca la priorità detenuta dall'autorità regia anche in Dio[1], in virtù della quale chi è assiso in trono deve essere onorato e obbedito *etsi discolus*, in quanto vicario di Dio in terra, investito del potere di giovare alla sua chiesa quand'anche dovesse abusare del suo titolo, e si trova quindi in una posizione di indubbio vantaggio rispetto ai vertici del clero, che hanno una « similitudo vicaria humanitatis Cristi » e, come tali, sono destinati a patire ingiurie, non certo a esercitare la forza[2].

> Oportet deum habere in ecclesia duos vicarios, scilicet regem in temporalibus et sacerdotem in spiritualibus. Rex autem debet severe cohercere rebellem, sicut fecit deitas in veteri testamento. Sacerdos vero debet ministrare preceptum miti modo humilibus tempore legis gracie sicut fecit humanitas Christi, qui simul fuit rex et sacerdos. Et hinc dicit Augustinus quod rex habet ymaginem dei sed episcopus ymaginem Cristi[3], propter ministerium indubie. Nec est fingendum ministerium huius differencie verborum nisi quod rex gerit ymaginem deitatis Christi, sicut episcopus ymaginem sue humanitatis. Et super isto pendet regula apostolica 1ª Cor. x de gradibus honoris tribuendis membris ecclesie. *Volo*, inquit, *vos scire quod omnis viri caput Christus est, caput autem mulieris est vir, caput vero Christi deus*. Ex quibus videtur quod oportet vicarium Christi, sub racione qua Christus, per vicarium Christi, sub racione qua deus, capitaliter regulari[4].

Secondo Wyclif, il rispetto da tributare a quanti ricoprono le massime cariche ecclesiastiche è invece di genere differente (« alterius

---

Queste diverse modalità di esistenza del sovrano sono richiamate anche in un passo del *De eucharistia tractatus maior*, I. Loserth (ed.), London, Trübner, 1892, 4, p. 84, ove il maestro inglese le accosta ai tre modi di essere della persona di Cristo in quanto uomo : « situale », « intencionale » e « potenciale ».

1. Cf. *Tractatus de potestate pape* (da qui in avanti, *DPP*), I, I. Loserth (ed.), London, Trübner, 1907, p. 9 : « In Deo videtur racio potestatis regie increate precedere potestatem sacerdotalem, sicut secunda persona origine precedit terciam, et opus sustentacionis opus confirmacionis, que correspondent istis officiis ».

2. Cf. *DOR*, 6, p. 137.

3. Come già accennato, in realtà questa massima è contenuta in *Pseudo-Augustini Quaestiones Veteris et Novi Testamenti CXXVII*, 35, A. Souter (ed.), « CSEL, 50 », Wien, Tempsky, 1908, p. 63.

4. *DOR*, 1, p. 13-14 ; *cf.* anche *Dialogus sive Speculum Ecclesie Militantis*, A. W. Pollard (ed.), London, Trübner, 1886, 31, p. 71-72 : « Christus enim ordinavit seculare brachium per potestatem coactivam esse deitatis vicarium, dando ei gladium corporalem, et ordinavit sacerdocium esse humanitatis Christi vicarium paciendo et ipsum in humilitate et tribulacionibus imitando ».

speciei »[1]) : prevede che i fedeli affidati loro li seguano sino a quando si attengono ai precetti evangelici e serbano quale regola « directiva » di ogni atto l'esempio di Cristo, ma che tale obbedienza si tramuti in critica, denuncia ed eventuale correzione nel caso in cui chi è preposto alla loro salute spirituale devii da quella strada e, più in generale, ogniqualvolta s'imbattono in un « sacerdos discolisans ».

> Difficultas est quomodo dispariter debemus honorare et subici tam sacerdoti quam domino seculari, supposito quod uterque dignitati morali officii sui degeneret. Et videtur mihi quod obediendum est sacerdotibus huiusmodi eos prudenter corripiendo, aspere arguendo et fortiter resistendo. Seculari vero tyrannisanti debemus obedire iniurias proprias humiliter paciendo ; nam facere coacciones corporales est eorum officium[2].

Va qui evidenziato come, lungi dal condividere la logica di coloro che erano soliti appellarsi alla nozione di gerarchia di Dionigi lo pseudo Areopagita per delegittimare qualsiasi contestazione dal basso nei confronti di chi riveste ruoli apicali (o comunque di grado più elevato) all'interno del corpo sacerdotale[3], nonché per respingere qualunque ipotesi di azione correttiva per mano dei governanti terreni, in nome della superiorità della dimensione spirituale rispetto all'ambito temporale[4], Wyclif si avvalga in maniera originale di tale nozione : a suo parere, un clero corrotto non rispecchia più la gerarchia celeste e può pertanto essere messo in discussione, punito e destituito da ogni membro della comunità, purché questi agisca « con un'intenzione retta »[5]. La rivolta vittoriosa di Michele e dei suoi compagni contro Lucifero, che era loro superiore, prova

1. *DOR*, 1, p. 15. « Credo – è il commento formulato altrove da Wyclif a proposito della tesi paolina secondo cui si deve obbedire alle autorità costituite – quod nemo inveniet in scriptura sacra tam expressam auctoritatem de obediencia fienda claustrali preposito », *DOR*, 5, p. 105.

2. *Ibid.*, 1, p. 21. Si consideri anche *De fide catholica*, 2, in *OM*, p. 102-103 « Secundum doctrinam Augustini *rex est vicarius dei et sacerdos vicarius Jesu Christi*. [...] Ideo pati debemus aliter a mundi potentibus et aliter elemosinas subtrahere a sacerdotibus Christi vicariis ».

3. Cf. *Tractatus de civili dominio liber secundus*, 3, I. Loserth, R. L. Poole and F. D. Matthew (eds.), London, Trübner, 1900, p. 16-17.

4. Si veda per es. *Tractatus de ecclesia* (d'ora in poi, *DE*), I. Loserth (ed.), London, Trübner, 1886, 15, p. 348.

5. « Cuicunque ecclesie, clericorum, laicorum, vel mixtim, licet quemcunque peccantem corripere, dum tamen recta intencione, prudenti applicacione, et diligenti execucione illud fiat. Sicut enim quodlibet membrum humani corporis tenetur iuvare quodlibet ad sanitatem et vitam corporalem, sic quodlibet membrum corporis Christi mistici tenetur stricciori obligacione iuvare », *DCD-I*, 41, p. 333. *Cf.* D. Luscombe, « Wyclif and Hierarchy », *in* A. Hudson and M. Wilks (eds.), *From Ockham to Wyclif*, Oxford, Blackwell, 1987, p. 234-237 e 243.

come il mantenimento dell'ordine richieda talvolta forme di resistenza da parte di quanti sono soggetti a figure ecclesiastiche ree di aver infranto la gerarchia coi propri peccati :

> Si prelati ecclesie monstruose frangant ordinem vocacionis sue, se ipsos plus ceteris negociis secularibus implicantes, indubie non sunt pro tunc, nisi forte nuncupative, de superiori ordine ecclesiastice yerarchie, cum iste yerarchie fundantur in virtutum gradibus. [...] Nam sicut spiritus inferioris ordinis stantes in suis gradibus confirmati debent insurgere contra apostatas eciam superioris ordinis puniendo, ut patet de exercitu celesti pugnante contra diabolum, Daniel XII et Apocal. VII, 7, sic in ecclesia militante virtuosi viri nuncupative inferioris ordinis debent insurgere contra degenerantes a lege et vita monarche Christi, nunc fraterne corripiendo, nunc acucius increpando et nunc si oporteat puniendo. [...] Speculum autem vindicandi atque corripiendi in talibus est lex Christi. Unde talis locucio infundabilis est cuilibet christiano, frivola et suspecta, quod superiores ecclesie ordinent quod quicquid fecerint non debeant iudicari ab aliis, corripi vel suspendi[1].

D'altra parte, intorno alla metà degli anni '70 del Trecento, ossia nel periodo in cui collabora attivamente con la Corona inglese e si persuade della necessità di coinvolgere la classe dirigente politica nel suo progetto di *renovatio ecclesie*, Wyclif individua proprio nei governanti temporali, re e grandi baroni, i soli soggetti legittimati e concretamente in grado – grazie alla loro « potestas cohersitiva »[2] – di attuare gli interventi correttivi indispensabili per ovviare alla profonda corruzione della Chiesa del tempo e, in particolare, dei suoi vertici : « ideo garriant adversarii veritatis quicquid voluerint, necesse est matrem ecclesiam habere seculares dominos, ut reges, dei vicarios, qui potestative ipsam defendant ubi vicarii Christi deficiunt, et illam potestatem immediate habent a deo »[3].

Agli occhi di Wyclif la difesa dell'*ecclesia*, intesa nel significato di comunità politico-religiosa, passa quindi attraverso il ricorso alla forza da parte di coloro che ne detengono il monopolio per investitura divina, col

---

1. *DCD-II*, 3, p. 18-19. Si consideri anche *DE*, 15, p. 349-350 : « Miror quomodo quidam innituntur exemplo de celesti ierarchia, putando quod clerici non debent corrigi a laycis [...]. Michael et omnes angeli inferioris ordinis confirmati pugnarunt contra draconem Luciferum, quare ergo non debet esse proporcionaliter in ecclesiastica ierarchia ? ». Per una concezione profondamente innovativa della gerarchia ecclesiastica si veda anche *Tractatus de blasphemia* (d'ora innanzi, *DB*), M. H. Dziewicki (ed.), London, Trübner, 1893, 2, p. 36-37 : « sacerdos mundo incognitus, qui similius sequitur Cristum in moribus, habet potestatem regendi et edificandi ecclesiam excellencius ».

2. *Dialogus*, 31, p. 71.

3. *DOR*, 6, p. 121-122.

fine di costringere il clero a emendarsi[1], soprattutto grazie al sequestro di tutti i beni superflui che esso ha indebitamente accumulato nelle proprie mani :

[...] quacunque communitate vel persona ecclesiastica habitualiter abutente diviciis, reges et domini temporales possunt legitime et valde meritorie ipsas auferre, eciam quantumcunque tradicionibus humanis fuerint confirmate. [...] Non enim posset Deus sinere tale malum, nisi posset precipere servis suis ipsum punire ; ideo indubie si Deus est, tunc domini temporales possunt legitime aufferre bona fortune ab ecclesia delinquente. [...] Sufficientissimi ad hoc sunt reges et domini temporales[2].

III

Ora, proprio il coinvolgimento crescente dei *lords* nella sua proposta riformatrice tesa a riportare almeno la chiesa anglicana « ad statum perfeccionis pristinum »[3] conduce Wyclif a un graduale recupero del modello paradigmatico di governo che egli pareva avere definitivamente archiviato. Scartata l'ipotesi di applicarlo all'intera *christianitas*, per la sua sostanziale impraticabilità a causa dei guasti prodotti dal peccato originale, quel modello di « policia iudicialis » viene riproposto in certa misura a livello locale, come emerge dalle molte pagine che il nostro autore dedica, fra il 1376 e il 1380, alla formulazione di un programma di riforma religiosa, pensato per essere applicato in Inghilterra ma teoricamente esportabile anche altrove[4]. In quel programma, infatti, alla grande aristocrazia inglese è riservato un ruolo decisivo : l'enorme responsabilità che Wyclif decide di caricare sulle spalle del suo monarca,

1. « Illi ergo qui dicunt quod rex habet potestatem incomprehensibilem castigando leones et faciendo corporales sanaciones cum aliis quam vocant miracula, laxarent porcionem sue potencie ad regulandum regnum suum in clero, cum hoc et eius actus foret excellencius et plus fundabile ex scriptura », *DE*, 15, p. 345.
2. *DCD-I*, 37, p. 265-267 ; *cf.* anche *DOR*, 8, p. 213. Nelle vesti di *vice Dei* il re ha diritto a controllare come viene utilizzata la porzione di tesoro materiale della chiesa (cui ne corrisponde una spirituale, consistente in parte del patrimonio della grazia celeste) posta sotto la sua giurisdizione, il « corporalis thesaurus domini dominorum », *DPP*, 12, p. 391-392, racchiuso entro i confini di quel particolare regno ; al riguardo si veda M. Wilks, « Thesaurus Ecclesiae », *Studies in Church History* 24, 1987, p. 34-35.
3. *DOR*, 8, p. 213.
4. La soluzione ipotizzata da Wyclif è che ciascuna comunità politico-religiosa si dia dei propri capi : « loquendo de comunitate politica videtur mihi quod racio dictat ut ipsi faciant sibi caput, nedum unum genus capitaneorum in religione politica, sed quod quilibet populus appropriet sibi simplex caput, ut nos Anglici habemus unum regem benedictum », *DOR*, 11, p. 249.

affidandogli le residue speranze di palingenesi spirituale dell'*ecclesia anglicana*, può essere sostenuta solo se condivisa con i *magnates*, nella veste di abituali consiglieri della Corona e suoi naturali collaboratori. Di conseguenza, è molto raro che negli scritti di quegli anni il *Doctor evangelicus* tratti dei doveri del re per quanto concerne il controllo e la correzione del clero nazionale senza specificare che tale funzione va esercitata congiuntamente ai *lords*, nel contesto di uno sforzo collettivo.

Così, per limitarci a un esempio, nelle pagine del *De civili dominio* (1376) viene ricordato il giuramento con cui re Giovanni e i baroni si impegnarono a difendere le *libertates ecclesie* al momento della stesura della Magna Carta, per attestare come « reges et domini temporales in Anglia » siano chiamati a prestare particolare attenzione alla condotta e alla qualità dei membri del corpo sacerdotale[1]. E il frequente utilizzo dell'endiadi « rex ac seculares domini » (o « reges ac domini »), a indicare chi deve occuparsi della rigenerazione spirituale del regno[2], sembra sottendere la convinzione che il sistema politico inglese sia caratterizzato da una sorta di *co-rulership* ove il monarca è affiancato nell'esercizio del potere da un consiglio di nobili (un « consilium regni »[3], composto da baroni e alto clero[4]) al cui interno il re ricopre la posizione del *primus inter pares*.

Anzi, se ancora in un passo del *De blasphemia* (1381) si afferma che a requisire i beni utilizzati in maniera impropria dalla Chiesa debbano essere « temporales domini et reges precipue »[5], ponendo l'accento sul ruolo del sovrano, tale ruolo va poi svanendo, come attesta il ricorso a espressioni sempre più generiche, quali « domini regni nostri », per riferirsi a coloro cui spetta imporre al clero inglese di emendarsi[6]. Questo slittamento lessicale, d'altro canto, si collega alla progressiva perdita di fiducia, da parte di Wyclif, nella disponibilità della Corona di incaricarsi di una radicale riforma spirituale che sia operata dall'alto; perdita di

---

1. *DCD-II*, 5, p. 45.
2. Cf. *DPP*, 12, p. 358, *Trialogus cum supplementum Trialogi*, G. V. Lechler (ed.), Oxford, Clarendon Press, 1869, IV, 18, p. 312-314 e *Speculum secularium dominorum*, 3, in *OM*, p. 81 ; in quest'ultimo scritto, poco prima (*ibid.*, 1, p. 77), il compito di insorgere di fronte al clero corrotto e « defendere quod currat libere sermo Dei » viene affidato anche agli esponenti della piccola nobiltà.
3. Cf. *DCD-II*, 2, p. 12.
4. Si veda in part. *Tractatus de apostasia* (d'ora in poi, *DA*), M. H. Dziewicki (ed.), London, Trübner, 1889, 7, p. 88.
5. *DB*, 10, p. 155.
6. Cf. *DOR*, 8, p. 160. Si considerino anche *DCD-I*, 37, p. 267 e *DCD-II*, I, p. 1, *DE*, 8, p. 180, *DOR*, 6, p. 120 e *DPP*, 10, p. 239.

fiducia da cui, a sua volta, discende la ricerca di una via alternativa che, pur senza rinunciare del tutto a trovare una sponda nella classe dirigente, riparta dal basso e dall'unica certezza rimasta, la Scrittura.

Dopo averne fatto una specie di *speculum* del principe riformatore, dal quale quest'ultimo avrebbe dovuto trarre le linee-guida per attuare la necessaria ricostruzione dell'*ecclesia anglicana*, Wyclif avverte l'esigenza di « informare simplices »[1], mettendo la Bibbia a disposizione di tutti nella « veste » più trasparente possibile[2], cioè in volgare, così da offrire a ciascun cristiano uno strumento attraverso il quale valutare la condotta degli ecclesiastici a lui preposti, smascherarne l'ipocrisia e prendere consapevolezza del colpevole immobilismo di quanti sarebbero tenuti a intervenire in prima battuta, cioè delle autorità costituite.

> Similiter, Christus et sui apostoli converterunt gentem plurimam per deteccionem scripture sacre, et hoc in lingua que fuerat populo magis nota. Ad hoc enim Spiritus Sanctus dedit eis omnium linguarum noticia. Quare ergo non debent moderni Christi discipuli de eodem pane fragmenta colligere et clarius quo sciverint populo detegere sicut illi?[3].

Ed ecco allora che si passa da un appello ai baroni affinché studino i Vangeli « nella loro lingua »[4] e operino di conseguenza, alla constatazione che i pochi « pugiles legis Dei »[5] determinati a predicare la parola divina in inglese si scontrano con la reazione di totale chiusura delle istituzioni ecclesiastiche :

> [...] temporales domini, licet sint lapides, possunt tamen ex Dei gracia studere Christi evangelia in lingua eis cognita et reducere ecclesiam

---

1. *DA*, 11, p. 144. « Nec sunt audiendi heretici, qui fingunt quod seculares non debent legem Dei cognoscere sed sufficit eis noticia quam sacerdotes et prelati eis dixerint viva voce », *Speculum*, 1, in *OM*, p. 74.

2. Cf. *De contrarietate duorum dominorum*, 2, in *John Wyclif's Polemical Works in Latin*, R. Buddensieg (ed.), London, Trübner, 1883, II, p. 700 : « Lingua, sive hebrea, sive greca, sive latina, sive anglica, est quasi habitus legis domini. Et per quemcumque talem habitum eius sentencia magis vere cognoscitur a fideli, ipse est codex plus racionabiliter acceptandus ».

3. *Speculum*, 1, in *OM*, p. 75. Si vedano anche *Epistola V (De Amore)*, in *OM*, p. 9 : « prodest multum viatoribus studere evangelium sedule in illa lingua in qua ipsis sentencia evangelii magis patet, quia ex fide omnes fideles debent sequi dominum Iesum Christum », *Sermones*, III, 45, p. 384 e *De veritate sacre scripture*, I, 14, R. Buddensieg (ed.), London, Trübner, 1905, p. 349-350, ove Wyclif rivendica con orgoglio la scelta di aver divulgato alcune sue tesi per gran parte dell'Inghilterra e della cristianità tutta, raccolte ed esposte in duplice idioma, così da rivolgersi al clero e ai laici.

4. Nelle parole coeve di Henry Knighton, « in Anglica lingua, non angelica », *Chronicon*, J. R. Lumby (ed.), Rolls Series 92, London, 1895, II, p. 152.

5. *De ordinatione fratrum*, 2, in *Polemical Works in Latin*, I, p. 95. Sul tema si veda M. Wilks, « Wyclif and the Great Persecution », *SCH, Subsidia*, t. 10, 1994, p. 48-61.

ad ordinacionem quam Christus instituit, et istud foret opus precipuum caritatis[1].

[...] predicantes evangelium *in forma et lingua plus intellegibili* sunt depressi, cum fratres, episcopi et sui complices abhorrent quod evangelium in Anglico cognoscatur[2].

Se questa, che possiamo chiamare la versione finale del progetto riformatore wycliffiano, contempla ancora l'opzione del coinvolgimento di singoli nobili, il nostro autore pare ormai riporre ogni residua speranza nella creazione di una sorta di nuovo ordine religioso, una « secta Christi » la cui forma organizzativa – così come egli la descrive – recupera e ripropone tutti i principali elementi del modello di società del quale ci siamo occupati nella sezione iniziale di questo *paper* : torna qui, infatti, il sogno di una piccola comunità di giusti (« comitiva sanctorum sub regulam evangelicam militans »[3],) un corpo scelto di veri fedeli che si fanno quotidianamente *imago Christi*, rinunciando a qualunque proprietà privata, in accordo con l'esempio del « collegium » apostolico delle origini descritto negli Atti (2, 44-45 e 4, 32-35)[4]. Quella che si delinea è una *societas* ideale i cui membri (« Christicolae »[5]) hanno la maturità necessaria per affrancarsi dalla tutela di un governante-guardiano e assumono collettivamente tutte le decisioni concernenti la vita della comunità, esercitando un dominio condiviso che si traduce in un'universale reciprocità di servizio :

Sicut omnes apostoli preter Scarioth erant socii sibi obedientes, superiores invicem arbitrantes[6].

Minister vel servus, in quantum huiusmodi, respicit dominium relative; sed quilibet Christianus debet reciproce alteri ministrare, ergo et esse reciproce servus et dominus. [...] Et patet quod dominus et servus ewangelicus non repugnant sed pocius se invicem consequuntur[7].

---

1. *Super Matthei XXIV*, 8, in *OM*, p. 378.

2. *Opus ewangelicum, Liber tertius et quartus*, I. Loserth (ed.), London, Trübner, 1895, III, 31, p. 115.

3. *Trialogus*, IV, 34, p. 364.

4. Cf. *DCD-I*, 14, p. 96-97 e *DCD-III*, 6, p. 77 e p. 80.

5. *Cf.* per es. *DCD-I*, 11, p. 78 e *DCD-II*, 13, p. 165.

6. *DPP*, 5, p. 100.

7. *DCD-I*, 11, p. 75-76. Va qui sottolineato come questo modello di una *societas* contraddistinta da obbedienza e servizio reciproci abbia una palese matrice agostiniana, in particolare nella descrizione della tipologia di potere esercitata nella città celeste, forma di dominio antitetica rispetto a quella innescata dalla Caduta : si veda *De civitate Dei, Libri 11-22*, XIV, 28, B. Dombart and A. Kalb (eds.), « CCSL, 48 », Turnhout, Brepols, 1955, p. 451 : « in hac serviunt invicem in caritate et praepositi consulendo et subditi obtemperando ».

Ciascun elemento del gruppo risulta nello stesso tempo, *servus* e *dominus*, può essere definito signore o servitore « secundum dispares rationes »[1], al pari di Cristo, nel quale sono compresenti la maestà divina e la dimensione dell'umiltà, convivono il Cristo-re e quello *patiens* :

> Patet quod Christus sit efficacissimus servus Dei, cum tota Trinitas, secundum humanitem Christi, ipsi tanquam servo fidelissimo dominatur. [...] Nec est inconveniens sed consonum quod idem Christus sit servus et dominus sibi ipsi, cum sit duarum naturarum utraque, humanitas et deitas, quarum inferior servit regularissime preminenti[2].

In fondo – è vero – si tratta soltanto di un manipolo di giusti, che però sino all'ultimo Wyclif vagheggia possa cambiare il mondo intero :

> Quilibet servus Dei ad hoc recipit hec dona [scil. Dei], ut aliis membris corporis Christi mistici subministret. Sed cuicunque aliquis subministrat, eius servus efficitur et alius eius dominus; ergo omnes Christiani debent ex regula sue professionis adinvicem esse domini et servi. [...] Ista ergo est regula Christiane religionis, qua observata non esset necesse aliam superaddere, scilicet quod serviant sibi reciproce [...]. Et revera ista sola regula sufficeret ad fundare religionem congruam toti mundo[3].

---

1. *DDD*, I, 8, p. 53.
2. *Ibid.*, III, 3, p. 220-222. In merito a questo tema si considerino anche *DCD-I*, 8, p. 53 e *DOR*, 1, p. 13.
3. *DCD-I*, 11, p. 77-78.

DE MARSILE DE PADOUE À THOMAS HOBBES
SÉCULARISATION OU AMBIVALENCES MIMÉTIQUES
DU THÉOLOGICO-POLITIQUE CHRÉTIEN?

BERNARD BOURDIN

INTRODUCTION

La « sécularisation » est la notion la plus convenue pour notre compréhension de l'avènement de l'État moderne. L'« État » ne peut être que moderne et séculier-laïque puisqu'il serait l'opposé de cette grandeur religieuse et cléricale qu'est l'« Église ». Par voie de conséquence, la victoire de l'État signe la reddition de l'Église et celle-ci n'est dès lors qu'une victime de la sécularisation. Ce diagnostic a sa part de vérité mais il est très réducteur. Il méconnaît le rôle joué par le Siège romain, même si c'est malgré lui, dans la genèse de l'État moderne. La notion de sécularisation ne dissimule-t-elle pas un autre critère interprétatif, celui des ambivalences théologico-politiques du christianisme ? Ambivalences, c'est-à-dire la relation mimétique entre le spirituel et le temporel qui a conduit à l'État moderne, celui qui ne vient plus ni de Dieu, ni d'un ordre naturel, mais qui est produit par les individus. C'est à l'aune de cette relation mimétique que sera interrogé le problème théologico-politique du Moyen Âge tardif par l'examen des arguments nodaux de la critique de la *plenitudo potestatis* pontificale dans le *Defensor pacis* de Marsile de Padoue. À la lumière de cet examen, je pourrai faire valoir les continuités et ruptures entre l'aristotélisme radical de Marsile et l'artificialisme de la philosophie politique de Hobbes. Du Moyen Âge tardif à la Modernité naissante, les ambivalences mimétiques du théologico-politique chrétien ne sont-elles pas au cœur d'une source oubliée dans la production de la rationalité politique moderne ?

La paix civile et chrétienne selon Marsile de Padoue :
Le *DEFENSOR PACIS* aux prises avec la *PLENITUDO* potestatis
pontificale

Dans les luttes médiévales entre la papauté et les États séculiers, le nerf de la guerre et de la paix est celui qui oppose principalement l'Empereur germanique à la Papauté. C'est particulièrement vrai depuis la Réforme grégorienne du xie siècle qui a eu pour objectif la *libertas Ecclesiae* par rapport aux ingérences impériales dans l'élection des papes[1]. À partir de la fin du xiie siècle (1198), Innocent III, élève d'Huguccio, conforte la Réforme de Grégoire VII avec la doctrine de la *plenitudo potestatis*[2]. Celle-ci affirme que le pape a une autorité absolue dans l'Église et sur les empereurs[3]. Bien que cette doctrine n'en porte pas le nom, c'est bien de l'exercice de la souveraineté dont il est question. Il n'y a pas deux pouvoirs mais un pouvoir réparti entre deux fonctions, temporelle et spirituelle[4], la deuxième étant supérieure à la première en raison de sa finalité, qui est le salut des âmes. Hiérarchie des fins que défend au xiiie siècle le pape Grégoire IX (1227-1241) contre l'empereur Frédéric

---

1. Les *Dictatus papae*, au nombre de 27, sont les instruments canoniques par lesquels le pape Grégoire VII entend libérer le Siège romain, et avec lui, l'Église, des ingérences impériales dans l'élection des papes. Pour la question qui nous intéresse, retenons le *Dictatus* VIII qui stipule que le pape est « seul » à « user des insignes impériaux. Également, le *Dictatus* 27 qui affirme que « Le pape peut délier les sujets du serment de fidélité fait aux injustes », voir M. Pacaut, *La Théocratie. L'Église et le pouvoir au Moyen Âge*, Paris, Aubier-Montaigne, 1957, p. 236-237.

2. La notion de *plenitudo potestatis* (plénitude du pouvoir) est employée par les canonistes du Moyen Âge pour désigner le pouvoir juridictionnel de la papauté. À la suite de la réforme grégorienne, le Siège romain exerce sa juridiction sur les décisions essentielles, ou causes majeures : déposition ou déplacement d'évêques, modification des limites des diocèses, érection d'abbayes, reconnaissance d'ordres religieux, convocation des conciles, procédure de canonisation. Le pape tranche aussi en appel et en dernier ressort pour toute autre affaire, tandis qu'il ne peut être jugé par personne. Pour François Saint-Bonnet, Innocent III « maintient comme les décrétistes la distinction des organes spirituel et temporel. Pour conduire les hommes au salut, les princes disposent d'une suffisante mais relative indépendance parce que Dieu, en les choisissant, leur a fait confiance. L'aménagement pratique de cette position de principe aboutira à l'une des plus remarquables théorisations de l'état d'exception au Moyen Âge », voir F. Saint-Bonnet, *L'État d'exception*, Paris, P.U.F., 2001, chap. 1, p. 87-98 (94).

3. *Ibid.*, p. 94.

4. Selon François Saint-Bonnet, cette répartition entre deux fonctions se modifie au fur et à mesure de la fragmentation de l'unité de la chrétienté par la montée en puissance « des entités territoriales… ». « On passe d'une distinction spirituel contre temporel (fonctions) à une distinction puissance pontificale contre puissance impériale », *ibid.*, p. 97.

II, lorsqu'il affirme l'indivisibilité de la *plenitudo potestatis*[1]. Ce conflit, qui oppose les Guelfes (partisans du pape) aux Gibelins (partisans de l'empereur) se poursuit au siècle suivant. En témoigne, à la fin du premier tiers du XIVe siècle, la bataille intellectuelle que mène Marsile de Padoue dans son *Defensor pacis* contre la doctrine de la *plenitudo potestatis*. La souveraineté[2], par nature indivisible, ne revient pas au pape mais au pouvoir temporel, c'est-à-dire, pour Marsile, à l'empereur. C'est pourquoi il prend la défense de la légitimité de Louis de Bavière contre le pape Jean XXII en rédigeant cet ouvrage qui fera date. Trois sources principales doivent être retenues dans la structure argumentative qui détermine le maître ouvrage de Marsile, celle de la *Politique* d'Aristote dans la *Prima dictio*[3], celle de l'Écriture[4], et celle patristique dans la *Secunda dictio*[5].

S'agissant d'Aristote, Marsile interprète sa pensée politique dans une perspective bien différente de celle de Thomas d'Aquin[6]. Il pousse jusqu'au bout de sa logique le naturalisme aristotélicien afin de mieux mettre à distance du pouvoir pontifical le fondement et la finalité de la communauté politique. Ce naturalisme se traduit par le thème classiquement aristotélicien du désir naturel de l'homme pour la vie politique et la recherche du bien commun. Mais Marsile en fait découler une organisation de la *communitas perfecta* très différente de son prédécesseur dominicain. Celle-ci est un organisme constitué de six parties, qui s'harmonisent chacun dans sa finalité respective : l'agriculture, l'artisanat, les guerriers, les financiers, le gouvernement et les prêtres (*pars sacerdotalis*). C'est cette harmonie qui permet la paix. Mais pour que la paix soit pleinement assurée, cette harmonie des fonctions a pour

---

1. *Ibid.*, p. 96.

2. Certains points du chapitre second de la *Tertia dictio* du *Défenseur de la paix* l'attestent clairement : Marsile de Padoue, *Défenseur de la paix*, *Tertia dictio*, chap. II, 11, 21, 30, 37, trad., intr. et comm. par J. Quillet, Paris, Vrin, 1968.

3. *Ibid.*, p. 29.

4. À vrai dire très majoritairement le Nouveau Testament, *ibid.*, p. 30.

5. *Ibid.*, p. 30. Marsile a recours aussi aux médiévaux, Pierre Lombard, Richard de Saint-Victor et plus encore saint Bernard. Moins nombreuses sont les sources antiques, parmi lesquelles Cicéron (*Prima dictio*), le *Code de Justinien*, les *Décrétales* de Grégoire IX..., *ibid.*, p. 30-31.

6. La *Politique* d'Aristote a fait l'objet de plusieurs commentaires selon des perspectives différentes, pour ne pas dire divergentes. On retiendra bien sûr, ceux d'Albert le Grand et de Thomas d'Aquin, mais aussi de Gilles de Rome et de Jean de Paris. D'abord au service de la cause pontificale, la pensée d'Aristote sert, avec le Padouan, la cause de l'Empire : bel exemple de mimétisme théologico-politique ! Voir H. de Lubac, « Augustinisme politique », dans *Théologies d'occasion*, Paris, Desclée de Brouwer, 1984, p. 255-308, en part. p. 303-304.

conséquence décisive l'impossibilité de tout conflit d'autorité (ou de juridiction). D'où la nécessité de remettre au gouvernement temporel (le Prince) le rôle coercitif au moyen de la loi et ainsi de la rendre exécutoire[1]. Nous touchons là au cœur du projet marsilien, qui est de délégitimer la supériorité du pouvoir pontifical, qui se veut coercitif par sa *plenitudo potestatis*. Mais il lui faut à cette fin, pour que l'unité de la *communitas perfecta* soit garantie, que la *pars principans* ne soit pas uniquement légitimée par la finalité aristotélicienne du bien terrestre (*Prima dictio*), mais qu'elle soit aussi l'expression de la volonté divine (*Secunda dictio*).

Marsile passe donc d'Aristote à saint Paul[2]. Le recours au Nouveau Testament lui permet ainsi de conforter la délégitimation de la doctrine de la *plenitudo potestatis* en démontrant qu'elle n'a aucune justification scripturaire et patristique[3]. En disqualifiant à la racine cette doctrine du pouvoir de juridiction universelle du pape, est démantelée la construction théorique de l'ecclésiologie papale et, ce faisant, ses effets de domination sur la communauté politique, concrètement la prééminence du pouvoir impérial :

> C'est pourquoi l'opinion erronée de certains évêques de Rome et peut-être leur désir pervers de gouvernement qu'ils affirment leur revenir, à cause – à ce qu'ils disent – de la plénitude de pouvoir qui leur a été conférée par le Christ, est cette cause singulière qui, avons-nous dit, produit la non-tranquillité ou la discorde de la cité ou du royaume. C'est elle en effet qui, encline à s'insinuer dans tous les royaumes [...] empêche de tout son effort la désignation ou institution du prince, l'empereur romain et son action dans le dit empire [...]. Par cette opinion donc, [...] l'évêque des Romains s'efforce de s'assujettir par juridiction coercitive et temporelle le prince des Romains [...]. En effet, ce n'est pas à l'évêque de Rome, ni à aucun autre évêque, prêtre ou ministre spirituel en tant que tel, que convient la charge du gouvernement coercitif sur toute personne singulière, de quelque condition qu'elle soit, sur toute communauté ou groupe [...]. C'est aussi ce que pensa Aristote du clergé de toute loi ou religion [...] dans la *Politique*, livre IV[4].

---

1. Marsile de Padoue, *Défenseur de la paix, op. cit.*, *Prima dictio*, XII, XIII, XV, 13, p. 139. Voir également *Tertia dictio*, chap. II, point 6, p. 556 : « Seul l'ensemble des citoyens ou sa partie prépondérante est le législateur humain ».

2. Épître aux Romains 13, 1-2, *ibid.*, *Secunda dictio*, XXVI, 13, p. 481.

3. Pour ce motif, les arguments scripturaires et patristiques dominent dans la *Secunda dictio*. Retenons au moins celui, topique, de Mt 16. Sur cette base néotestamentaire, Marsile affirme « ...qu'il n'y a et qu'il n'y eut jamais d'ordonnance immédiate de Dieu, qu'une seule tête et qu'un seul fondement de l'Église, et que ce fondement est le Christ, et non aucun apôtre, même durant l'absence du Christ... », *ibid.*, *Secunda dictio*, XVIII, 5, p. 501-502.

4. *Ibid.*, II, XIX, 176.

Il ne suffit donc pas de garantir un fondement rationnel solide à la *communitas perfecta*, encore faut-il qu'elle ne fasse l'objet d'aucune emprise sacerdotale et pontificale. Par rapport à la *plenitudo potestatis*, l'argumentation aristotélicienne est tout aussi insuffisante que celle de l'Écriture est impuissante, à elle seule, à fonder la *communitas perfecta*. En revanche, celle-ci (avec la source patristique) permet de délégitimer complétement la plénitude du pouvoir de juridiction pontificale, que le Christ et les apôtres n'ont pas voulu et qui par « nature » n'appartient qu'au législateur humain et *in fine* à la *pars principans*[1]. Autrement dit, Marsile de Padoue doit faire converger ces deux structures argumentatives vers les fins de son entreprise. En cela, bien que son anthropologie naturaliste soit très éloignée de l'artificialisme hobbesien, il en a pourtant préparé le chemin.

LA PAIX CIVILE ET CHRÉTIENNE SELON HOBBES : LE LÉVIATHAN AUX PRISES AVEC LA DOCTRINE BELLARMINIENNE DU POUVOIR TEMPOREL INDIRECT DU PAPE

À l'instar du Padouan, Hobbes doit aussi faire converger les deux sphères politique et ecclésiale grâce à une nouvelle entente entre le christianisme et la « raison »[2]. Mais cette nouvelle entente est conditionnée par le renoncement au naturalisme aristotélo-scolastique (thomiste), facteur de divisions politico-religieuses. Pour atteindre la

1. Sur la convergence de vue entre Marsile de Padoue et le conciliarisme, voir la présentation générale du *Défenseur de la paix* par Jeannine Quillet, *ibid.*, p. 41-45. Cette convergence de vue abonde dans le sens du mimétisme théologico-politique : « ...chaque *legislator* devrait pouvoir déléguer des représentants en ses lieu et place ; en définitive, le Concile se trouve placé sous l'autorité du *legislator fidelis humanus supremus*, ou encore, *superiore carens*, qui devient ainsi l'instance suprême chargée d'exécuter les décisions du Concile. Le point d'aboutissement de la doctrine ecclésiologique de Marsile devait, en dernière analyse, le conduire à opposer au Pape un chef suprême, investi d'un pouvoir temporel et spirituel, sorte de décalque laïcisé de souverain Pontife » (p. 44).

2. La théorie philosophique hobbesienne de la souveraineté de l'État n'aurait pu être toutefois possible sans la révolution papale de la *plenitudo potestatis*, les théories politico-ecclésiologiques qui l'ont contestée et la Réforme anglicane qui l'a précédée au xvie siècle. Les limites de cet article ne me permettent pas de développer ce moment, comme j'ai pu le faire dans le cadre de ma communication. Je renvoie pour ce motif à plusieurs références. S'agissant des sources, voir un héritier de Marsile de Padoue, St. Gardiner : *Obedience in Church and State. Three Political Tracts*, ed. with an introduction, translation and notes by P. Janelle, Cambridge, Cambridge University Press, 1930 : « Je ne vois point de raison que l'on s'offense davantage du titre de chef de l'Église (*Head of the Church*) donné au roi que du titre de chef du royaume d'Angleterre (*Head of the realm of England*) […]. L'Église d'Angleterre est faite de mêmes sortes de gens que celles comprises sous ce mot de royaume et dont on dit que le roi est le chef. Si l'on fait de lui le chef du royaume

paix civile, le philosophe anglais, en lieu et place de ce naturalisme, lui substitue un concept de nature diamétralement opposé, celui de l'« état de nature ». Par ce concept, Hobbes rend compte de l'asociabilité native de l'homme[1]. Je ne peux ici procéder à une analyse précise de ce concept. Retenons que dans cet état les hommes sont égaux[2] et qu'ils sont habités par un germe de religion répondant ultimement à leur anxiété[3]. C'est par les lois naturelles de raison et le contrat qu'ils peuvent générer la République[4], unifiée par la souveraineté de l'État-Léviathan. Celui-ci une fois constitué, la religion participe du contrat et, de ferment de division qu'elle était, conforte au contraire l'unité du *Commonwealth*.

Notons que le sous-titre du *Léviathan* est significatif du projet hobbesien. Le *Léviathan* est un « Traité de la matière, de la forme et du pouvoir de la république ecclésiastique et civile ». Les apparences aristotéliciennes de ce sous-titre ne doivent pas faire illusion. Il indique au contraire la bataille livrée contre une métaphysique et un problème théologico-politique que les médiévaux, y compris les plus opposés au pouvoir pontifical comme Marsile de Padoue, n'ont pas pu résoudre complètement. Autrement dit, pour fonder une philosophie politique « moderne », Hobbes doit se situer par rapport à un héritage médiéval de plusieurs siècles. Il est même symptomatique que dans le sous-titre Hobbes mentionne l'adjectif « ecclésiastique » avant celui de « civile ».

d'Angleterre, ne sera-t-il pas le chef des mêmes personnes quand elles constituent l'Église d'Angleterre ? Quelle folie ne serait-ce pas d'admettre qu'un même homme qui vit en Angleterre est assujetti à son roi comme à son chef et d'affirmer qu'il n'est point sujet dès qu'on le dit chrétien ? », p. 93-95. La pensée juridique et politique de Jean Bodin est naturellement incontournable : Jean Bodin, *Les six livres de la République*, « Corpus des œuvres de philosophie en langue française », Paris, Fayard, 1986. C'est au livre I, chap. 9, que Bodin s'intéresse à la *plenitudo potestatis* pontificale : « qu'il [le pape] déroge aux loix de tous les princes », p. 268. Au chap. 10 du même livre, Bodin explique que la souveraineté est une délégation de la puissance divine, p. 295. S'agissant de la littérature secondaire, voir W. Ullmann, « This Realm of Englandis an Empire », *Journal of Ecclesiastical History*, t. 30/2, Apr. 1979, p. 175-203 ; J.-F. Courtine, « L'héritage de la scolastique dans la problématique théologico-politique de l'âge classique », dans H. Méchoulan (éd.), *L'État baroque. Regards sur la pensée politique de la France du premier xviie siècle*, Paris, Vrin, 1985, *op. cit.*, p. 91-118 ; Y.-C. Zarka, « Marsile de Padoue et la problématique théologico-politique de Grotius et Hobbes », dans Y.-C. Zarka (éd.), *Aspects de la pensée médiévale dans la philosophie politique moderne*, « Fondements de la politique », Paris, P.U.F., 1999, p. 155-165.

1. Thomas Hobbes, *Léviathan, Traité de la matière, de la forme et du pouvoir de la république ecclésiastique et civile*, intro., trad. fr. et notes F. Tricaud, chap. xiv, Paris, Éditions Sirey, 1971, p. 129 : « un état de guerre de chacun contre chacun ».

2. *Ibid.*, chap. xiii, p. 121.

3. *Ibid.*, XI, p. 103.

4. *Ibid.*, XIV, XVII.

Cette précédence signifie en réalité que l'Église doit fusionner avec la cité. Ce faisant, la sécularisation du fondement de l'état de société ne saurait être délestée d'une conversion de sens du problème théologico-politique, en d'autres termes d'une ambivalence mimétique. Ainsi, Hobbes ne conteste pas que l'homme soit un animal religieux, ni qu'il recherche une fin supérieure à celle de la félicité terrestre, mais c'est pour mieux renverser, d'une part, la tradition de pensée scolastique, et d'autre part, les thèses de son représentant le plus officiel en la personne de Robert Bellarmin.

Au moment de la parution de l'édition anglaise du *Léviathan* en 1651, le cardinal jésuite est mort depuis trente ans! C'est pourtant encore sa doctrine du pouvoir temporel indirect du pape qui suscite les plus vives oppositions[1]. Trois thèses bellarminiennes sont ici à retenir. En vertu de son pouvoir spirituel, le pape dispose du pouvoir d'excommunication[2] et de déposition des souverains temporels. Ceux-ci n'étant plus que des personnes privées, le pape peut dès lors délier leurs sujets du serment de fidélité[3]. La doctrine bellarminienne, de nature modérée[4], n'en constitue pas moins un obstacle à une théorie et à une pratique complète du pouvoir souverain de l'État. C'est pourquoi, à la lumière de sa théorie de la souveraineté, Hobbes mobilise de nombreux arguments, au chapitre 42 du *Léviathan*, pour délégitimer cette doctrine qui situe la souveraineté du côté du pouvoir spirituel du pontificat romain. Il en résulte une nouvelle bataille théologico-politique pour l'appropriation de l'espace visible du gouvernement des hommes. Mais cette bataille est beaucoup plus radicale, car désormais une philosophie politique, reposant sur une anthropologie inédite, entend éliminer toute dualité du spirituel et du temporel, l'objection la plus redoutable étant celle du pouvoir de juridiction universel du pape (et de sa *plenitudo potestatis*).

---

1. Voir *Triplicinodo, Triplex cuneus ou Apologie pour la défense du serment de fidélité de Jacques Ier d'Angleterre*, B. Bourdin (éd.), Montpellier, Presses Universitaires de Montpellier-Presses Universitaires de la Méditerranée, 2014.

2. Pouvoir qui a été mis à exécution en 1570 par le Pape Pie V contre la reine d'Angleterre, Élisabeth Ire.

3. Suarez ira jusqu'à justifier le tyrannicide : M. Turchetti, *Tyrannie et tyrannicide de l'Antiquité à nos jours*, « Fondement de la politique », Paris, P.U.F., 2001, p. 543-552.

4. *La Genèse théologico-politique de l'État moderne* (sous-titre : *La controverse de Jacques Ier d'Angleterre avec le cardinal Bellarmin*), « Fondement de la politique », Paris, P.U.F., 2004, chap. IV. Ouvrage réédité, revu et augmenté : *The Theological-Political Origins of the Modern State, The controversy between James I of England and Cardinal Bellarmine*, Washington, Catholic University of America Press, 2010, chap. IV.

Je m'en tiendrai à deux arguments (les premier et troisième arguments de Hobbes), dont le premier fait écho à une thèse centrale, développée au chapitre XI du *Léviathan* sur la distinction du polythéisme et du monothéisme biblique[1]. Récusant que la supériorité du pouvoir spirituel justifie qu'il commande les « princes temporels » et qu'il dispose « de leurs possessions temporelles en vue du spirituel »[2], Hobbes répond que « si le gouvernement civil est destiné, en tant que moyen, à nous conduire à la félicité spirituelle, il ne s'ensuit pas que, si un roi détient le pouvoir civil et le pape le pouvoir spirituel, le roi soit en conséquence tenu d'obéir au pape »[3]. Cette réponse négative est corroborée par l'ecclésiologie politique hobbesienne : « Or ces républiques sont composées de chrétiens[4] : ce sont donc aussi différents corps de chrétiens, c'est-à-dire différentes Églises ». Et, cohérent avec sa théorie de la représentation, Hobbes ajoute ;

> Et leurs souverains respectifs les représentent, ce qui les rend capables de commander et d'obéir, d'agir et de pâtir, comme un homme naturel. Cette capacité, nulle Église générale ou universelle ne l'a tant qu'elle n'a pas de représentant [...]. Et il manque au pape, pour devenir ce représentant, trois choses que notre Sauveur ne lui a pas données : commander, juger, et punir [...][5].

Cette dernière incise est la meilleure preuve de la disqualification du pouvoir spirituel du pape. Elle fait implicitement écho aux thèses canoniques développées depuis la réforme grégorienne, qui donnèrent naissance à la doctrine de la *plenitudo potestatis*. Elle fait parallèlement

---

1. Thomas Hobbes, *Léviathan, op. cit.*, XII, p. 115.

2. *Ibid.*, XLII, p. 596.

3. *Ibid.*, XLII, p. 597. Cette affirmation est à mettre en relation avec l'impossibilité pour le pape d'être « souverain civil de tous les chrétiens du monde » (p. 582) et sur l'obéissance que les sujets doivent au souverain en matière de doctrine (p. 586).

4. Hobbes pense concrètement à la France, à l'Espagne et à Venise, *ibid.*, XLII, p. 598.

5. *Ibid.*, XLII, p. 598. On se souviendra de la thèse de Marsile de Padoue selon laquelle « l'évêque de Rome [...] n'est pas plus le représentant de Dieu sur terre », *op. cit.*, p. 516. Notons également que l'ecclésiologie hobbesienne a un précédent dans la théologie anglicane avec Richard Hooker : « Pour la préservation de la chrétienté, il est nécessaire au plus haut point que tous les membres de l'Église visible soient unis entre eux par des liens de société ; c'est pourquoi, de même que la mer forme un tout qui prend cependant des noms divers selon le lieu, ainsi « l'Église catholique » se divise en un certain nombre de sociétés distinctes dont chacune, considérée en elle-même, s'appelle une Église », voir Richard Hooker, *Of The Laws of Ecclesiastical Polity*, vol. 1-4. *Preface and books I to IV*, vol. 1, III, I, 14, ed. G. Edelen, Cambridge (Mass.), Harvard University Press, 1977.

écho à la critique marsilienne de cette doctrine[1]. On notera enfin que, comme Marsile de Padoue, Hobbes recourt à un argument scripturaire (l'enseignement du Christ), et non séculier, pour délégitimer la doctrine de Bellarmin. Par cet argument, il peut conforter son concept de représentation[2] qu'il applique au problème théologico-politique nodal de la vérité religieuse (par lequel le conciliarisme s'était opposé au xve siècle à la *plenitudo potestatis* pontificale). Puisque, *a contrario* de la doctrine de Bellarmin, le souverain temporel est le seul représentant légitime, le pape ne peut juger un roi qui entraînerait « ses sujets vers l'hérésie »[3]. En vertu de sa légitimité, voulue par le contrat scellé entre les individus, le souverain représente ces derniers et, les représentant, il est autorisé à agir en lieu et place d'eux-mêmes, y compris pour définir et juger du bien-fondé de la vérité religieuse :

> Il n'existe pas d'autre juge des hérésies, parmi les sujets, que leur propre souverain civil. En effet, *l'hérésie n'est rien d'autre qu'une opinion privée soutenue avec obstination, et contraire à l'opinion que la personne publique* (c'est-à-dire le représentant de la République) *a ordonné d'enseigner.* Il est par là manifeste qu'une opinion dont l'enseignement a été officiellement décidé ne saurait être une hérésie, et que les princes souverains qui lui donnent autorité ne sauraient être hérétiques[4].

Le pouvoir de juger de l'orthodoxie doctrinale s'est donc déplacé. En écho au chapitre xxvi : « En effet, les doctrines peuvent être vraies : mais c'est l'autorité, non la vérité, qui fait la loi »[5], ce pouvoir est un attribut du souverain : celui, unique, de l'État séculier. Il ne saurait donc être déposé par le pape, qui n'a aucune légitimité pour le faire. Ni le pouvoir de juridiction du pape, ni son infaillibilité doctrinale ne sont fondés dans les lois naturelles et le contrat, ils ne le sont pas même dans l'Écriture. La nouvelle alliance entre la raison et l'Écriture, entre le temporel et le spirituel, est enfin parvenue à unifier les deux finalités de l'existence humaine. De Marsile de Padoue à Thomas Hobbes, il aura fallu trois siècles de conflits et de bouleversements théologico-politiques, trois siècles qui auront permis une production nouvelle de la rationalité politique et religieuse. Cette rationalité est devenue celle d'une humanité

---

1. Dans le décret de Gratien, le principe selon lequel le pape ne peut être jugé par personne admettait toutefois l'exception du cas d'hérésie : « prima Sedes a nemine iudicatur nisi devius a fide deprehendatur », *Decretum Gratiani*, pars I, dist. 40, p. III, cap. XI.
2. Thomas Hobbes, *Léviathan, op. cit.*, chap. xvii, p. 177.
3. *Ibid.*, XLII, p. 600.
4. Thomas Hobbes, *Léviathan, op. cit.*, XLII, p. 600.
5. *Ibid.*, XXVI, p. 295, note 81.

présentée comme sécularisée, mais cette sécularisation souffre de l'oubli de son « autre », à savoir les ambivalences du théologico-politique chrétien. Cet oubli est autant préjudiciable pour les tenants de la visibilité d'un État laïque que pour les tenants d'une sphère de visibilité propre à l'Église. Pour être moderne, il est permis de penser que le recours au serpent de mer des théologies politiques médiévales est indispensable.

CONCLUSION

À la faveur des conflits successifs du temporel et du spirituel, notamment au cours du IIe millénaire médiéval, le concept de souveraineté a d'abord pris forme dans le cadre ecclésiastique du Siège romain par la doctrine de la *plenitudo potestatis* pontificale. Par un effet mimétique, ce concept, d'ecclésio-canonique, est entré dans le champ de la théorie juridique (Bodin), puis dans celui de la philosophie politique (Hobbes). Dès lors, plutôt que de privilégier un schème linéaire, celui d'un déplacement de la souveraineté ecclésiastique (*plenitudo potestatis*) vers celle de l'État, ne vaudrait-il pas mieux considérer que l'Occident chrétien a basculé d'une souveraineté de l'État vers une autre souveraineté de l'État, du temporel ecclésiastique vers le temporel politique[1], chacun revendiquant autant que l'autre la maîtrise des fins temporelle et spirituelle?

La notion de sécularisation se heurte inévitablement à ce problème, qui ne peut être résolu qu'en ayant clarifié le mimétisme théologico-politique[2], lequel se trouve au cœur de la genèse de l'État souverain. Mimétisme qui met en évidence une cinétique des ambivalences du théologico-politique chrétien. De Marsile de Padoue à Hobbes en passant par la Réforme anglicane, de profondes transformations se sont produites. Ces transformations permettent de vérifier la cinétique du théologico-politique chrétien. Il est passé de la rivalité entre deux ambitions théologico-politiques d'un *imperium* universel, à l'appropriation de cet *imperium* dans le cadre de la montée en puissance des États monarchiques nationaux (déjà annoncée au cours du Moyen Âge tardif). Mais si, à la lumière de cette appropriation, la relation mimétique entre les deux souverainetés prend un cours très différent, ce cours n'en est que davantage le fruit d'un héritage des problématiques théologico-politiques

---

1. J. N. Figgis, *Studies of political thought From Gerson to Grotius 1414-1625*, Cambridge, Cambridge University Press, 1916[2], p. 5.
2. F. Saint-Bonnet, *L'État d'exception, op. cit.*, p. 115.

médiévales, notamment celles qui vont du Moyen Âge tardif à la Modernité naissante.

Il en résulte alors que les ambivalences du théologico-politique chrétien, ses allers et retours mimétiques, transforment toute théorie linéaire de la sécularisation en légende et, ce faisant, reconfigurent les cadres chronologiques traditionnels qui séparent beaucoup trop le Moyen Âge de la Renaissance, de la Réforme et des « Temps modernes ». Une interprétation systémique de la « sécularisation » me semble beaucoup plus opératoire. Par « systémique », j'entends l'idée qu'il y a une structure de sens du théologico-politique chrétien, qui s'est historiquement déployée sous de multiples modèles (d'où ses ambivalences mimétiques), en recueillant et en transformant les héritages grec (philosophie) et romain (droit). Par ses multiples modèles, le théologico-politique chrétien aura montré qu'il est producteur de rationalité moderne, comme en témoigne l'affranchissement de la féodalité par la révolution pontificale, puis l'avènement de l'État-souverain séculier. Cette production n'accrédite-t-elle pas qu'en lieu et place de sécularisations multiples il s'agit plutôt de la christianisation de concepts juridiques et philosophico-politiques, par rapport auxquels a pu être élaborée la politisation de concepts ecclésio-canoniques ? L'Église (romaine au tout premier plan) en a subi les conséquences, mais cela signifie aussi qu'elle détient paradoxalement encore les clefs d'interprétation des sources les plus anciennes de la modernité politique.

INDEX NOMINUM

AUTEURS MODERNES

LISTE DES CONTRIBUTEURS

Olivier BOULNOIS
    École Pratique des Hautes Études, PSL, LEM (UMR 8584)

Bernard BOURDIN
    Institut catholique de Paris
    Faculté de Sciences sociales et économiques

François DAGUET
    Institut Saint Thomas d'Aquin, Toulouse

Jean-Philippe GENET
    Université Paris 1 Panthéon-Sorbonne

Georgi KAPRIEV
    Université Saint-Clément-d'Ohrid, Sofia

Olga L. LIZZINI
    Vrije Universiteit, Amsterdam

Dominique POIREL
    Institut de recherche et d'histoire des textes, CNRS
    Université catholique Jean-Paul II de Lublin
    Institut d'études médiévales, Institut Catholique de Paris

Stefano SIMONETTA
    Università degli Studi di Milano

Émilie TARDIVEL
    Institut catholique de Paris
    Unité de recherche « Religion, Culture et Société » (EA 7403)

Philippe VALLAT
    Université de Vienne
    ERC Project 9 SALT

TABLE DES MATIÈRES

Achevé d'imprimer le 31 août 2020
La Manufacture - *Imprimeur* – 52200 Langres – Tél. : (33) 325 845 892
Imprimé en France – N° : 200588 – Dépôt légal : septembre 2020